VILLE DE PARIS

RELATION OFFICIELLE

DE LA

RÉCEPTION À L'HÔTEL DE VILLE

DE

LEURS MAJESTÉS LE ROI ET LA REINE

DE GRANDE-BRETAGNE ET D'IRLANDE

PARIS

IMPRIMERIE NATIONALE

MDCCCCXV

RELATION OFFICIELLE

DE LA

RÉCEPTION À L'HÔTEL DE VILLE

DE

LEURS MAJESTÉS LE ROI ET LA REINE

DE GRANDE-BRETAGNE ET D'IRLANDE

VILLE DE PARIS

RELATION OFFICIELLE

DE LA

RÉCEPTION À L'HÔTEL DE VILLE

DE

LEURS MAJESTÉS LE ROI ET LA REINE

DE GRANDE-BRETAGNE ET D'IRLANDE

PARIS

IMPRIMERIE NATIONALE

MDCCCCXV

CONSEIL MUNICIPAL

DE PARIS

AVANT-PROPOS.

*Leurs Majeſtés le Roi & la Reine de Grande-Bretagne & d'Ir-
lande ont été reçues officiellement à l'Hôtel de Ville de Paris le
22 avril 1914.*

*Brillante entre toutes fut cette réception au cours de laquelle
M. Chaſſaigne Goyon, Président du Conseil municipal, & M. M. Delanney, Préfet de la Seine, exprimèrent aux Souverains les vœux de la
Municipalité, en même temps que les sentiments de la population parisienne.*

*Le Bureau de l'Aſſemblée communale, poursuivant la série des
publications grâce auxquelles revivent les journées hiſtoriques de la
grande Cité, a décidé que la trace de cette solennité serait conservée dans
une Relation officielle, que M. René Weiſs, chef du Cabinet du Président du Conseil municipal, a été chargé d'écrire.*

*Le compte rendu de la réception eſt précédé de quelques pages consa-
crées aux cérémonies auxquelles furent conviés à Londres, en juin 1913, les
Représentants de Paris, lors de la visite de M. Raymond Poincaré,
Président de la République française. C'eſt à Londres, en effet, au
féerique bal de la Cour au Palais de Buckingham, que le Président
& les Membres du Conseil municipal eurent l'honneur de prier
Leurs Majeſtés de vouloir bien accepter de se rendre à l'Hôtel de
Ville, lorsqu'Elles viendraient en France : l'invitation fut acceptée avec
un empreſſement qui toucha profondément les Conseillers parisiens.*

On trouvera en annexe le compte rendu de l'inoubliable réception, en 1855, de Sa Majesté la Reine Victoria, l'illustre aïeule du Roi George V.

L'Imprimerie nationale a été chargée de l'exécution de cet ouvrage dont l'illustration est l'œuvre de M. Henri Manuel.

RÉPUBLIQUE FRANÇAISE

Liberté · Egalité · Fraternité

L. L. M. M. le Roi et la Reine
de Grande-Bretagne et d'Irlande
seront reçus, à l'Hôtel de Ville de Paris,
le Mercredi 22 Avril 1914, à 5 heures.
La Municipalité prie

Monsieur

d'assister à cette réception.

INVITATION
Rigoureusement personnelle

RÉPUBLIQUE FRANÇAISE. 1,689

Liberté · Egalité · Fraternité

L. L. M. M. le Roi et la Reine
de Grande-Bretagne et d'Irlande
seront reçus, à l'Hôtel de Ville de Paris,
le Mercredi 22 Avril 1914, à 5 heures.
La Municipalité prie

Madame
d'assister à cette réception.

Salons de l'Hôtel de Ville
Entrée à 4 h. 1/4 par la porte latérale
en façade sur la Place de l'Hôtel de Ville.

CÔTÉ RIVOLI

INVITATION
Rigoureusement personnelle

VILLE DE PARIS

RÉPUBLIQUE FRANÇAISE

Liberté - Egalité - Fraternité

CONSEIL MUNICIPAL

Paris, le

Cabinet du Syndic

Réception de L. L. M. M.

le Roi et la Reine de Grande Bretagne et d'Irlande

Se munir de la lettre ci-incluse
pour être admis et franchir
les barrages

Entrée :

Place de l'Hôtel de Ville, Porte Centrale à 4 h. 1/2

Tenue :
Habit, Insignes ou uniforme.

VILLE DE PARIS

RÉPUBLIQUE FRANÇAISE

Liberté - Egalité - Fraternité

CONSEIL MUNICIPAL

Paris, le

Cabinet du Syndic

Réception de L. L. M. M.

le Roi et la Reine de Grande Bretagne et d'Irlande

Cette carte sera absolument indispensable et ne donnera accès qu'à une seule personne.

Les invitations étant rigoureusement personnelles les cartes devront être renvoyées au Syndic du Conseil Municipal dans le cas où il ne pourrait en être fait usage.

Les Messieurs seront en tenue de soirée ou en uniforme et les Dames en toilette de ville de cérémonie.

Les portes ouvriront à 4 heures 1/4
Les noms devront-être inscrits sur les cartes.

BUREAU

DU

CONSEIL MUNICIPAL DE PARIS

(ÉLU LE MERCREDI 28 MAI 1913).

Président..........   M. CHASSAIGNE GOYON.

Vice-Présidents.....   { M. LE CORBEILLER,
M. MINIOT.

Secrétaires........   { M. André 'PAYER,
M. Marcel HABERT,
M. Georges LALOU,
M. Louis LAGACHE.

Syndic............   M. GAY.

Chef du Cabinet du Président du Conseil municipal.........   M. René Weiss.
Chef du Secrétariat du Président du Conseil municipal.......   M. Georges Rousseau.
Chef du Secrétariat du Syndic du Conseil municipal.........   M. Moreaud.

ADMINISTRATION DE LA VILLE DE PARIS
ET DU DÉPARTEMENT DE LA SEINE

Préfet de la Seine : M. M. DELANNEY.

Secrétaire général de la Préfecture de la Seine......... M. Aubanel.
Directeur du Cabinet du Préfet de la Seine.......... M. Ferlet.

Préfet de Police : M. HENNION.

Secrétaire général de la Préfecture de Police........... M. Laurent.
Directeur du Cabinet du Préfet de Police........... M. Paoli.

SERVICES ADMINISTRATIFS.

Directeur des Finances........................... M. Desroys du Roure.
Directeur de l'Enseignement primaire................ M. Lefebvre.
Directeur de l'Assistance publique.................. M. Mesureur.
Directeur de l'Octroi............................ M. Quennec.
Directeur du Mont-de-Piété....................... M. Martin-Feuillée.
Directeur des Affaires municipales................... M. Menant.
Directeur des Affaires départementales............... M. Magny.
Directeur des Travaux, des Services d'architecture, des Prome-
nades & Plantations........................ M. Cacaud.
Directeur de l'Inspection administrative & du Contentieux ... M. Piette.
Directeur des Contributions directes.................. M. Fontaine.
Directeur des Secrétariats du Conseil municipal & du Conseil
général.................................... M. Prévaudeau.
Directeur des Beaux-Arts & des Musées.............. M. Falcou.
Directeur des Services administratifs de l'Enseignement....... M. Garnier.
Receveur municipal............................. M. de Pontich.
Inspecteur général des Services d'architecture & d'esthétique... M. Bonnier.
Chef du Service du Personnel...................... M. Pénard.
Chef du Service du Matériel....................... M. Labie.
Contrôleur central............................. M. Pelletier.

LISTE ALPHABÉTIQUE

DES MEMBRES

DU CONSEIL MUNICIPAL DE PARIS.

MM.

Achille, négociant, *quartier des Archives* (iiie arrondissement), boulevard Beaumarchais, 37.

Alpy, docteur en droit, avocat à la Cour d'appel, *quartier de l'Odéon* (vie arrondissement), rue Bonaparte, 68.

Andigné (d'), ancien officier de cavalerie, *quartier de la Muette* (xvie arrondissement), rue Boulainvilliers, 49.

Aucoc (Louis), négociant, *quartier Gaillon* (iie arrondissement), place Vendôme, 14.

Badini-Jourdin, docteur en droit, avocat à la Cour d'appel, *quartier Saint-Gervais* (ive arrondissement), rue Margueritte, 8.

Bécret, représentant de commerce, *quartier de la Porte Saint-Martin* (xe arrondissement), rue de Marseille, 15.

Bellan, négociant, *quartier du Mail* (iie arrondissement), rue des Jeûneurs, 30.

Berthaut, facteur de pianos, *quartier de Belleville* (xxe arrondissement), rue des Couronnes, 122.

Billard (Eugène), avocat à la Cour d'appel, *quartier de la Place-Vendôme* (ier arrondissement), avenue de l'Opéra, 3.

Brunet (Frédéric), industriel, *quartier des Épinettes* (xviie arrondissement), rue Jean-Leclaire, 17.

Cachin, professeur, *quartier de la Goutte-d'Or* (xviiie arrondissement), rue Ordener, 4.

Caire (César), docteur en droit, avocat à la Cour d'appel, *quartier de l'Europe* (viiie arrondissement), rue de Constantinople, 39.

Calmels, docteur en médecine, *quartier de la Salpêtrière* (xiiie arrondissement), avenue des Gobelins, 22.

Caron (Ernest), avocat, ancien agréé, *quartier Vivienne* (iie arrondissement), rue Saint-Lazare, 80.

Chassaigne Goyon, docteur en droit, avocat, *quartier du Faubourg-du-Roule* (viiie arrondissement), rue Montaigne, 11 *bis*.

2

Chausse, ébéniste, *quartier Sainte-Marguerite* (xiie arrondissement), boulevard Diderot, 168.

Chérioux (Adolphe), entrepreneur de maçonnerie, *quartier Saint-Lambert* (xve arrondissement), rue de l'Abbé-Groult, 95.

Dausset (Louis), agrégé de l'Université, *quartier des Enfants-Rouges* (iiie arrondissement), place Saint-Georges, 22.

Delavenne (Georges-Hilaire), négociant, *quartier du Gros-Caillou* (viie arrondissement), rue Cler, 18.

Delpech, tourneur-mécanicien, *quartier de Grenelle* (xve arrondissement), rue de Lourmel, 47.

Deslandres, imprimeur typographe, *quartier de Croulebarbe* (xiiie arrondissement), rue Vulpian, 1.

Desvaux (Émile), journaliste, *quartier d'Amérique* (xixe arrondissement), rue des Fêtes, 7.

Deville, avocat à la Cour d'appel, *quartier Notre-Dame-des-Champs* (vie arrondissement), rue du Regard, 12.

Dherbécourt, sellier, *quartier de Clignancourt* (xviiie arrondissement), rue de Trétaigne, 7.

Dormoy, employé, *quartier de Picpus* (xiie arrondissement), rue de la Lancette, 3.

Duval-Arnould, docteur en droit, avocat à la Cour d'appel, *quartier Saint-Germain-des-Prés* (vie arrondissement), rue de Rennes, 95.

Evain, avocat à la Cour d'appel, *quartier d'Auteuil* (xvie arrondissement), rue Michel-Ange, 80.

Fiancette, employé, *quartier du Combat* (xixe arrondissement), rue Fessart, 10.

Fiant (Georges), industriel, *quartier des Arts-&-Métiers* (iiie arrondissement), rue Dupetit-Thouars, 17.

Fillion (Charles), avocat à la Cour d'appel, *quartier des Batignolles* (xviie arrondissement), rue des Dames, 30.

Fleurot (Paul), publiciste, *quartier du Jardin-des-Plantes* (ve arrondissement), avenue des Gobelins, 7.

Froment-Meurice (François), industriel, *quartier de la Madeleine* (viiie arrondissement), rue Richard-Wagner, 3.

Galli (Henri), homme de lettres, *quartier de l'Arsenal* (ive arrondissement), rue d'Offémont, 17.

Gay, publiciste, *quartier de la Porte-Dauphine* (xvie arrondissement), rue de Sfax, 4.

Gent (André), publiciste, *quartier de la Chapelle* (xviiie arrondissement), rue Pajol, 19.

Girou Georges), administrateur commercial, *quartier de la Porte-Saint-Denis* (xe arrondissement), boulevard de Magenta, 82.

Grangier, représentant de commerce, *quartier de Plaisance* (xive arrondissement), rue Maison-Dieu, 18.

Habert (Marcel), avocat à la Cour d'appel, *quartier de Rochechouart* (ixe arrondissement), rue Rochechouart, 36.

Hénaffe, graveur, *quartier de la Santé* (xive arrondissement), rue de la Tombe-Issoire, 36.

Jousselin, rentier, *quartier des Ternes* (xviie arrondissement), avenue Mac-Mahon, 35.

Lagache (Louis), avocat à la Cour d'appel, *quartier Saint-Georges* (ixe arrondissement), rue Ballu, 36 *bis*.

Lajarrige (Louis), chaudronnier en cuivre, *quartier du Pont-de-Flandre* (xixe arrondissement), avenue du Pont-de-Flandre, 10-12.

Lalou, avocat à la Cour d'appel, *quartier de la Monnaie* (vie arrondissement), boulevard Saint-Michel, 6.

Lampué, propriétaire, *quartier du Val-de-Grâce* (ve arrondissement), boulevard de Port-Royal, 72.

Le Corbeiller, avocat, *quartier Saint-Merri* (ive arrondissement), rue de Grenelle, 81.

Lemarchand, ancien agent technique du Service des Travaux de Paris, *quartier Notre-Dame* (ive arrondissement), rue Le Regrattier, 28.

Le Menuet (Ferdinand), commerçant, *quartier Saint-Germain-l'Auxerrois* (ier arrondissement), rue de Lyon, 2 *bis*.

Levée, industriel, *quartier du Palais-Royal* (ier arrondissement), rue de Rivoli, 176.

Massard (Émile), publiciste, *quartier de la Plaine-Monceau* (xviie arrondissement), boulevard Pereire, 58.

Merlin, ancien officier de cavalerie, *quartier de Chaillot* (xvie arrondissement), rue Auguste-Vacquerie, 5.

Michaud (Tony), représentant de commerce, *quartier Necker* (xve arrondissement), rue des Volontaires, 22.

Miniot, dessinateur-graveur, *quartier de la Folie-Méricourt* (xie arrondissement), boulevard Voltaire, 5.

Mithouard (Adrien), homme de lettres, *quartier de l'Ecole-Militaire* (viie arrondissement), place Saint-François-Xavier, 10.

Morel (Pierre), avocat à la Cour d'appel, *quartier des Quinze-Vingts* (xiie arrondissement), rue de Charenton, 89.

Morin (Jean), employé, *quartier de Bercy* (xiie arrondissement), rue de Charenton, 206.

Navarre, docteur en médecine, *quartier de la Gare* (xiiie arrondissement), avenue des Gobelins, 30.

Oudin (Adrien), docteur en droit, avocat à la Cour d'appel, *quartier de la Chauſſée-d'Antin* (ixe arrondissement), avenue du Coq, 7.
Oudin (Étienne), *quartier du Montparnaſſe* (xive arrondissement), rue de Grancey, 2.

Paris, ouvrier charron, *quartier de La Villette* (xixe arrondissement), rue de Flandre, 33.
Payer (André), entrepreneur de travaux publics, *quartier de l'Hôpital-Saint-Louis* (x^e arrondissement), avenue des Champs-Élysées, 114.
Petitjean, fabricant de papiers peints, *quartier du Bel-Air* (xiie arrondissement), rue Fabre-d'Églantine, 4.
Peuch (Louis), ancien directeur d'école communale, *quartier Sainte-Avoie* (iiie arrondissement), rue de Turbigo, 30.
Pointel (Georges), négociant en matériaux, *quartier du Faubourg-Montmartre* (ixe arrondissement), rue Cadet, 3 *bis*.
Poirier de Narçay, docteur en médecine & homme de lettres, *quartier du Petit-Montrouge* (xive arrondissement), rue d'Orléans, 19.
Poiry, peintre d'enseignes & décorateur, *quartier de Javel* (xve arrondissement), rue des Bergers, 16.
De Puymaigre, commandant breveté d'état-major en retraite, *quartier des Invalides* (viie arrondissement), rue de Constantine, 7.

Quentin (Maurice), docteur en droit, avocat à la Cour d'appel, *quartier des Halles* (i^{er} arrondissement), rue du Louvre, 44.
Quentin-Bauchart (Pierre), homme de lettres, *quartier des Champs-Élysées* (viiie arrondissement), rue Pierre-Charron, 6.

Ranvier, peintre éventailliste, *quartier de la Roquette* (xie arrondissement), rue Camille-Desmoulins, 3.
Rebeillard, inspecteur départemental des Enfants-Assistés (E. D.), *quartier de Bonne-Nouvelle* (iie arrondissement), rue de Palestro, 1.
Reisz, mécanicien, *quartier de Charonne* (xxe arrondissement), rue de Buzenval, 48.
Rendu (Ambroise), docteur en droit, avocat à la Cour d'appel, *quartier Saint-Thomas-d'Aquin* (viie arrondissement), rue du Bac, 108.
Robaglia (Barthelemy), avocat à la Cour d'appel, ancien lieutenant de vaisseau, *quartier de la Sorbonne* (v^e arrondissement), boulevard Saint-Michel, 16.
Rollin (Louis), avocat à la Cour d'appel, *quartier Saint-Victor* (v^e arrondissement), boulevard Saint-Michel, 87.

Rousselle (Henri), commissionnaire en vins, *quartier de la Maison-Blanche* (XIIIe arrondissement), rue Hallé, 34.
Rousset (Camille), éditeur, *quartier Saint-Vincent-de-Paul* (X^e arrondissement), rue Lafayette, 114.

Varenne (Jean), journaliste, *quartier des Grandes-Carrières* (XVIIIe arrondissement), rue de Maistre, 64.
Virot (Paul), ancien receveur de l'octroi de Paris, *quartier Saint-Fargeau* (XXe arrondissement), avenue Gambetta, 117.

N..., *quartier Saint-Ambroise* (XIe arrondissement).
N..., *quartier du Père-Lachaise* (XXe arrondissement).

LA DÉLÉGATION
DU CONSEIL MUNICIPAL DE PARIS
À LONDRES.

Du 24 au 26 juin 1913, M. Raymond Poincaré, Président de la République, fut l'hôte de Leurs Majestés le Roi & la Reine de Grande-Bretagne & d'Irlande.

Le Chef de l'État fut, au cours de ces journées, l'objet d'attentions particulièrement délicates de la part des Souverains anglais. Il reçut, en outre, un chaleureux accueil de la population qui, d'un seul cœur, s'associa aux manifestations officielles. Les acclamations dont elle le salua dans les rues de Londres toutes pavoisées en son honneur attestèrent de manière éclatante que l'opinion publique britannique ratifiait l'œuvre des diplomates : au lendemain de ces fêtes, l'Entente Cordiale apparut plus intime, plus vivante que jamais.

A l'occasion du voyage en Angleterre de M. le Président de la République, le County Council, avec lequel, depuis près de dix ans, le Conseil municipal de Paris entretient de très amicales relations[1], convia une Délégation de l'Assemblée communale à se rendre à Londres. Est-il besoin d'ajouter que l'invitation fut accueillie d'enthousiasme? Le geste des élus de la grande Cité londonienne toucha profondément les représentants de Paris.

D'autre part, le Lord-Maire de Londres, Sir David Burnett, dont plusieurs prédécesseurs furent, au cours de leur magistrature, fêtés par les élus de Paris — le Livre d'or de la Ville perpétue le souvenir de ces visites — voulut bien associer la Délégation à la fête qu'au nom de la Corporation de la Cité il se proposait de donner en l'honneur du Président de la République française dans l'historique décor du Guildhall.

[1] En 1905, une imposante manifestation inaugura cette entente municipale des deux Cités. Répondant à une invitation du County Council, le Conseil municipal de Paris — presque en entier — se rendit à Londres, &, l'année suivante, les Représentants de Londres recevaient à leur tour l'hospitalité de la Ville de Paris.

Enfin, la Municipalité de Westminster qui, depuis de longues années, est également unie au Conseil municipal par des liens très étroits — une Délégation de la Municipalité fut officiellement reçue à l'Hôtel de Ville de Paris [1] le 2 janvier 1906 — décida de fêter les Conseillers

[1] Un déjeuner eut lieu dans la salle à manger de l'Hôtel de Ville. Des toasts & discours furent prononcés par : le Major général Lord Cheylesmore, maire de Westminster, qui offrit à la Ville de Paris, au nom de la Cité, la « loving cup »; M. Paul Brousse, président du Conseil municipal; M. de Selves, préfet de la Seine; M. Laurent, secrétaire général de la Préfecture de Police; M. Léon Barbier, président du Conseil général de la Seine, & M. Granville-Smith, qui s'exprima en ces termes :

« Monsieur le Président du Conseil municipal,

« Monsieur le Préfet de la Seine,

« Monsieur le Préfet de Police,

« Il m'est accordé le bien doux privilège, après cette belle visite où nous sommes tous unis, de représenter la voix du peuple de Londres qui, en ce moment, est porté d'une si vive sympathie pour le peuple de Paris !

« Certes, dans le domaine des grâces, il n'est pas facile de manier la lyre d'Apollon &, assurément, il serait téméraire de ma part de chercher, dans la Cité de Victor Hugo, à parler la langue de Molière.

« Mais vous m'excuserez de prendre la parole pour vous dire, Messieurs, qu'il y a dans le cœur du peuple anglais un sentiment de vive affection envers le peuple de ce grand État qu'est la France, sentiment que nous avons l'intention de conserver à jamais.

« Hier, Messieurs, nous nous sommes aperçus que, sans doute, la brume qui régnait à Paris était méditée & qu'elle faisait partie de notre Entente Cordiale. Nous avons trouvé cette attention très délicate & nous l'avons appréciée vivement.

« Nous avons dû nous réfugier dans nos « homes » respectifs, car, dehors, il faisait bien mauvais temps.

« Mais, ce matin, alors que nous devions être les hôtes du Conseil municipal de Paris, nous nous sommes dit : Ces Messieurs se mettent en fête pour nous recevoir, que vont-ils faire ?

« Eh bien ! la nature a répondu aux vœux de ces Messieurs; le soleil se montre aujourd'hui, — le soleil d'Austerlitz, — pour éclairer votre métropole d'une gloire qui vous est chère.

« Soyez assurés, Messieurs, que, si j'ai prononcé un nom de guerre, il n'y a en ce moment dans nos cœurs que des sentiments de paix & d'amitié & que nous ne songeons plus aux luttes des siècles passés où il fallait — pour répandre les idées — se servir d'engins meurtriers & d'autres moyens barbares.

« Aujourd'hui, c'est l'hymne du travail que nous entonnons, c'est l'hymne de la nature que je lis dans le superbe tableau qui domine cette magnifique salle de festin, c'est l'hommage à la paix que nous voyons monter autour de nous pour favoriser les produits de la terre & le bon usage que l'homme doit en faire.

« A cet égard, nous sommes unis dans un même sentiment, dans une même pensée & dans le même amour.

« Et c'est pourquoi, Messieurs, alors que nous sommes ici vos hôtes — dans le palais municipal le plus beau de l'Europe, où tous les arts ajoutent leur auréole à toutes

parisiens. Un de ses membres les plus distingués, aujourd'hui Maire de la Cité, M. Granville-Smith, fervent ami de la France, s'employa activement pour que la réception de M. Chassaigne Goyon & de ses collègues fût une belle & cordiale manifestation.

Les Conseillers parisiens : MM. Chassaigne Goyon, président; Le Corbeiller, vice-président; Gay, syndic; Deville & Galli, anciens présidents de l'Assemblée communale, quittèrent Paris le 23 juin à midi par la gare du Nord & arrivèrent le soir à Londres. Ils descendirent à l'hôtel Cecil où, le soir même, ils reçurent la visite du Maire de Westminster, M. Lyon Thomson, qui vint les saluer au nom de la Cité & leur exprima son désir & celui de ses collègues de les recevoir officiellement à l'Hôtel de Ville de Westminster. En outre, M. Lyon Thomson les invita aimablement à se rendre le lendemain, vers 2 heures, en sa maison située à Saint James street : du balcon, ils pourraient voir l'arrivée de M. Raymond Poincaré & être témoins de l'ovation que, disait-il, lui réserverait la population de Londres.

M. Chassaigne Goyon & ses collègues exprimèrent au Maire de Westminster leur gratitude pour les sentiments dont il venait de leur faire part, & l'assurèrent qu'ils étaient très honorés d'être reçus par la Municipalité de Westminster. Ils remercièrent en outre le Maire de sa gracieuse invitation personnelle qui fut acceptée avec empressement.

L'ARRIVÉE DU PRÉSIDENT DE LA RÉPUBLIQUE FRANÇAISE
À LONDRES.

La journée du lendemain demeure, dans l'esprit des élus de Paris, inoubliable. Il leur fut donné de juger ce peuple anglais, qu'on dit d'ordinaire si placide & si froid & qui, ce jour-là, allait exprimer avec une ardeur spontanée sa sympathie pour la France.

L'aspect de Londres témoignait de l'unanimité de ses sentiments. La capitale avait été décorée avec goût. Partout flottaient les banderoles, les oriflammes, les drapeaux. Les édifices publics, un grand nombre de demeures privées étaient pavoisés. Le long de Regent street, d'Oxford street, d'Holborn, des mâts avaient été édifiés, soutenant des bannières aux cou-

les industries, — nous nous confondons en remerciements pour votre gracieuse & chaleureuse hospitalité.

« Unis aujourd'hui par un commun sentiment de fraternité, nous espérons que nos deux villes lutteront constamment pour le bonheur des classes laborieuses & surtout pour le bonheur de l'humanité. »

leurs françaises & anglaises, tandis qu'en travers des voies avaient été jetées des guirlandes de fanions multicolores. A Oxford Circus, où la Corporation de Marylebone devait offrir au Président de la République des souhaits de bienvenue, on avait dressé tout autour de la place une série de colonnes à cannelures dorées d'un heureux effet.

Dans la Cité, qui est le cœur de Londres, ce n'étaient que voûtes de guirlandes. Au milieu de Queen Victoria street, notamment, étaient suspendus les étendards bariolés des Corporations : armuriers, archers, tailleurs, saleurs, tanneurs, charbonniers, orfèvres, hôteliers, &c.

«Des inscriptions touchantes dans leur simplicité, écrivait[1] un membre du Conseil municipal de Paris, M. Adrien Oudin, ancien vice-président de l'Assemblée communale, démontrent mieux que de longs discours les sentiments de la nation britannique à l'égard de la France. Voici d'abord « nos grands principes » : *Liberté, Égalité, Fraternité;* plus loin, nous lisons : *Vive la nation la plus brillante du monde! Vive notre convié M. Poincaré!* A côté de ces vivats flatteurs pour notre amour-propre national, voici le cri plus simple de la foule, qui s'imprime en grandes lettres d'or sur des étamines tricolores : *Nous sommes des camarades!* & ce simple mot bien amusant : *Tutoyons!*

«Enfin, voici la fière inscription née de l'état d'esprit de deux peuples libres qui, conscients de leur puissance, veulent conserver leur indépendance dans la paix & dans la dignité : *Les nations ont leur lendemain!*

«Les Parisiens se souviendront de l'accueil fait au représentant de la France. Que Paris s'apprête à fêter le Roi d'Angleterre. »

Lorsque M. Chassaigne Goyon & ses collègues quittèrent, après leur déjeuner, l'hôtel Cecil pour se rendre à Saint James street, la Cité était en rumeur. La population animait ce beau décor qu'était Londres. Deux heures n'avaient pas sonné à l'horloge de Westminster, & déjà elle était massée dans les rues où devait passer le cortège officiel, depuis Piccadilly jusqu'à la gare de Victoria, calme, silencieuse, patiente derrière les troupes qui la contenaient. Elle attendit longtemps, le Président de la République ne devant faire son entrée dans la capitale de l'Angleterre qu'à 3 heures & demie.

Lorsque le majestueux cortège se déroula, elle cria alors sa joie & son enthousiasme. Rien de plus grandiose, de plus émouvant que cette pompe. Dans un somptueux carrosse mouluré d'or, orné d'armoiries, attelé de quatre chevaux que conduisaient des postillons dont les livrées brillaient de mille feux, avait pris place le Président de la République, au côté de Sa

[1] Dans le journal *Excelsior* du 26 juin 1913.

Majesté George V. Dans cinq autres carrosses de gala également dorés se trouvaient : Son Altesse Royale le Prince de Galles, le Duc de Connaught, le Prince Arthur de Connaught, le Marquis de Crewe, l'Amiral Prince Louis de Battenberg, premier Sea lord de l'Amirauté; M. Asquith, le Maréchal Sir John French, Sir Francis Bertie, M. Paul Cambon, M. Stéphen Pichon, M. Mollard, le Général Beaudemoulin. Les voitures s'avançaient lentement, précédées, encadrées par les troupes aux splendides uniformes, tandis que jouaient les musiques. Et de tous côtés les vivats partaient de la foule vibrante. Des fenêtres louées à prix d'or, & où des milliers & des milliers de mains s'agitaient, descendaient vers le premier magistrat de la France d'enthousiastes acclamations. L'ovation grandit ainsi jusqu'à l'arrivée de M. Raymond Poincaré au palais de Saint James où il devait résider pendant son séjour à Londres [1].

Les représentants de Paris, du balcon où ils se tenaient, furent témoins de cette entrée triomphale. Leur cœur battit d'orgueil au spectacle de ce peuple qui, soulevé par un admirable élan, disait tout son amour pour la nation amie.

RÉCEPTION
DE LA DÉLÉGATION MUNICIPALE PARISIENNE
PAR LE COUNTY COUNCIL.

Après le passage des souverains, M. Chassaigne Goyon & ses collègues prirent congé de l'aimable M. Lyon Thomson, le remerciant de la si cordiale hospitalité qu'il leur avait offerte, & se rendirent à Spring Gardens pour être reçus officiellement par le County Council.

L'Assemblée communale londonienne tenait ce jour-là une de ses séances ordinaires. Parmi les membres du County Council siègent à présent cinq femmes. En Angleterre en effet la loi permet l'élection des femmes comme membres des assemblées municipales.

Au moment de l'arrivée des Élus de Paris, le County Council interrompit

[1] Dans l'après-midi, après avoir été saluer Sa Majesté la Reine Alexandra, & les Membres de la Famille royale, le Président de la République reçut à l'Ambassade de France la Colonie française qui lui fut présentée par notre éminent représentant, M. Cambon. Des discours furent prononcés par M. Cambon & M. Alfred Duché, président de la Chambre de commerce française de Londres. — Le soir avait lieu un grand dîner de gala au palais de Buckingham. Des toasts furent portés par Sa Majesté le Roi de Grande-Bretagne & d'Irlande & par M. Raymond Poincaré.

ses travaux. M. Cyril Cobb, président de l'Assemblée, & ses collègues se levèrent, saluant M. Chassaigne Goyon & les Membres de la Délégation parisienne qui prirent place sous un dais d'honneur.

M. Cyril Cobb s'exprima en ces termes :

«La semaine dernière, les Membres du Conseil se le rappelleront, nous avons eu le plaisir de saluer M. Gay, syndic du Conseil municipal de Paris. Aujourd'hui, nous avons de nouveau le plaisir & l'honneur de saluer à la tribune le Président du Conseil municipal de Paris, M. Chassaigne Goyon, le Vice-Président, M. Le Corbeiller, & quelques-uns de leurs collègues.

«Au nom du Conseil, Messieurs, j'ai l'honneur de vous souhaiter une très cordiale bienvenue à Londres.

«Nous vous saluons tous comme des collègues dans l'œuvre municipale, dévoués à Paris, comme nous le sommes ici, à ce qui favorise le bonheur & la prospérité du peuple d'une grande Cité dont vous administrez les affaires avec tant d'habileté.

«Nous vous saluons également comme les représentants d'une grande nation amie. De fréquents échanges de visites entre nous, dans le passé, ont créé des liens qui nous unissent en tout ce qui favorise le progrès de la civilisation & le maintien de la paix.

«Et nous vous saluons ici aujourd'hui particulièrement en ce moment où, au milieu des applaudissements de nos concitoyens, le Président de la République française, le Chef de l'État français, fait une visite à notre très gracieux Souverain, parce que nous avons conscience de ce que, nous aussi, comme grandes municipalités, Paris & Londres, nous avons un droit à réclamer une part spéciale dans la consolidation de l'«Entente Cordiale» qui a été si heureusement établie entre les deux nations.»

M. Chassaigne Goyon, président du Conseil municipal de Paris, se leva & répondit ainsi aux souhaits du Président du County Council :

«Monsieur le Président,

«Mesdames,

«Messieurs,

«Au nom de notre Délégation & de notre Assemblée communale tout entière, je vous remercie de la courtoise invitation que vous nous avez fait l'honneur de nous adresser à l'occasion du voyage de M. le Président de la République française à Londres & de la cordiale bienvenue que vous venez de nous souhaiter en termes si aimables & si amicaux.

« Nos deux Assemblées sont déjà de vieilles connaissances, si vous voulez bien me permettre cette expression un peu familière; notre « Entente municipale » ne date pas d'hier. Née de « l'Entente Cordiale » entre nos deux pays que la France avait ratifiée avec enthousiasme, elle a reçu la franche & loyale adhésion de la Ville de Paris, heureuse de voir ses représentants fraterniser avec ceux de la grande Cité londonienne.

« La raison avait présidé à nos accords primitifs; c'est l'amitié, le cœur qui les ont cimentés & définitivement scellés.

« Nos échanges répétés de visites & de vues ont créé entre beaucoup d'entre nous des liens personnels de sympathie qui nous sont particulièrement chers & précieux &, entre nos deux Assemblées, des liens collectifs forgés à la fois par la compréhension exacte & complète des intérêts communs de nos deux grandes villes & un même idéal de liberté, de justice, de progrès matériel & de perfectionnement moral.

« Je souhaite que ces liens ne cessent pas de se fortifier & que des rencontres fréquentes, comme celle d'aujourd'hui, nous apprennent à mieux nous connaître encore & à nous estimer chaque jour davantage.

« J'espère, Mesdames & Messieurs, que très prochainement bon nombre d'entre vous voudront bien nous faire l'honneur de venir nous rendre visite à Paris. Nous serons très heureux de les y voir. Ils peuvent être assurés qu'ils recevront de leurs collègues parisiens & de la population tout entière l'accueil le plus cordial, le plus chaleureux, le plus enthousiaste.

« Merci encore de tout cœur de votre aimable réception qui nous a vivement touchés. »

Après ces deux discours, le County Council reprit ses travaux en présence des Conseillers parisiens.

A l'issue de la séance, un thé fut servi dans le cabinet du Président du County Council. Des conversations s'engagèrent entre les Membres des deux Assemblées municipales. MM. Chassaigne Goyon, Galli, Deville & Gay retrouvèrent là plusieurs des Conseillers londoniens qui les reçurent avec tant de courtoisie dans leurs homes, en 1905, lors de la visite du Conseil municipal à Londres : MM. Jackson, Lord Hill, Lord Cheylesmore, Sir John Benn, R. W. Granville-Smith, le Colonel Probyn. En des entretiens d'une charmante cordialité, les uns & les autres évoquèrent les multiples manifestations qui, depuis bientôt dix ans, ont permis de greffer sur l'Entente Cordiàle une étroite entente municipale, & créé entre les représentants des deux grandes Capitales tant de liens d'intimité.

Conseillers de Londres & de Paris se séparèrent vers 6 heures pour se retrouver le soir au banquet de l'« Entente Cordiale ».

LE BANQUET DE «L'ENTENTE CORDIALE».

Ce banquet avait lieu au siège de « l'Entente Cordiale », — club politique, artistique et littéraire dont le nom indique le programme. Composée de Membres de la « Législature », d'hommes de loi, de négociants, parmi lesquels Sir Thomas Barclay, qui, depuis dix ans, a pris une part active à toutes les manifestations franco-anglaises, de membres du corps enseignant, cette association s'efforce par des publications, des conférences, la diffusion de notre pensée & de notre langue, l'organisation de cérémonies & de fêtes, de faire aimer la France, de rendre toujours plus intimes les liens unissant les deux nations. C'est dire quelle gratitude lui doivent nos compatriotes.

Ce banquet, auquel assistait le Consul général de France, M. de Coppet, était présidé par Lord CHICHESTER, qui, au dessert, porta un toast vibrant à Paris & à ses représentants.

Aux paroles de Lord Chichester, que saluèrent des bravos répétés, M. CHASSAIGNE GOYON, président du Conseil municipal, répondit par ce discours chaleureusement applaudi :

« MESDAMES,

« MESSIEURS,

« Nous avons été infiniment sensibles, mes collègues du Conseil muni-cipal & moi, à la délicate attention que vous avez eue, Monsieur le Prési-dent & vos collègues, de nous inviter dès notre arrivée en Angleterre à cette manifestation grandiose en l'honneur de l'Entente si cordiale qui unit aujourd'hui la Grande-Bretagne à la France dans une même volonté de sa-gesse, de dignité & de force.

« La conception de ce fait historique si important pour l'avenir de l'hu-manité revient, pour la plus grande part, à Sa Majesté Édouard VII, ce Sou-verain aussi admirable par son intelligence hors de pair que par sa charmante simplicité, qui avait su nous faire oublier l'insigne majesté de son rang pour devenir en quelque sorte l'un de nos concitoyens & des plus grands.

« Mais vous avez contribué, depuis, dans la plus large mesure, à dissiper les derniers vestiges de vieilles & stériles querelles, de préjugés invétérés & d'absurdes défiances entre deux grands peuples faits pour travailler ensemble à une œuvre de paix laborieuse & féconde. L'action de votre Société a été prépondérante pour abolir les divergences et faire ressortir les innombrables affinités qui existent entre Anglais & Français & rendre leurs rapports de plus en plus affectueux & intimes.

« Quel composé merveilleux, irrésistible d'efficacité & de puissance, donnerait la fusion de la volonté réfléchie de votre race, de son sang-froid, de son goût de l'action méthodique & prudente, de son énergie concentrée & toujours soutenue, avec notre fougue parfois excessive, la vivacité de nos sensations, nos enthousiasmes souvent irréfléchis. C'est dans nos deux grandes cités qui synthétisent si heureusement nos deux peuples, que se réunit au plus haut degré cet ensemble de qualités éminentes, mais si différentes qui nous attirent réciproquement & nous charment par leurs saisissants contrastes, aujourd'hui qu'elles ne nous heurtent plus.

« Nous avons tout avantage à échanger de fréquentes visites. C'est ici au cœur de votre Cité que nous comprenons mieux la grandeur du caractère anglais, «race de conquérants, forts, braves, résolus, curieux du danger, «maîtres de leurs nerfs, de leurs muscles & de leur énergie, que rien ne «fait ployer» & que vient ouater, si j'ose dire, ce que vous appelez votre *fog* londonien.

« C'est à Londres, en effet, dans ce creuset incomparable d'énergie virile que s'offrent à notre admiration les ciels doux & changeants, si riches de tons merveilleusement rendus par votre Turner. Les fumées, les vapeurs qui flottent au-dessus de l'immense Cité en travail, tamisent délicieusement (sans jeu de mots) les rayons du soleil qui ne vous arrivent plus qu'ambrés & voilés. C'est une gamme inépuisable de nuances rares, fondues, exquises de finesse. Ces bords de votre grand fleuve, c'est le royaume magique des jeux de lumière. Palais magnifiques, usines gigantesques, & toutes les mâtures, toutes les voilures de vos navires innombrables se métamorphosent au gré des nuées qui passent. Dans votre incomparable Capitale aux faces si multiples, le penseur, l'artiste, l'homme d'affaires, l'éducateur, le politique, trouvent à alimenter leur activité, leurs méditations & leur rêverie.

« Et Paris, — j'aurais mauvaise grâce à vous en vanter les mérites & le charme ; — il travaille lui aussi avec ardeur ; ses goûts, ses habitudes, son ciel, sont différents des vôtres ; il forme, pour parler le langage des peintres, «un complémentaire» de Londres.

«Permettez-moi de vous remémorer ce qu'en disait votre Thackeray qui l'habita longtemps ; rappelez-vous que c'est un des vôtres qui parle : «Mon «bon Monsieur, écrivait-il, que pourrions-nous faire sans notre Paris? Il y a «quelque chose de fatal ou de divin dans cette ville ; elle a un charme mau- «vais très probablement, mais qui agit sur nous tous. Peintres, princes, gour- «mands, officiers en demi-solde, austères vieilles dames même reconnaissant «cette attraction, sont plus à l'aise là que dans n'importe quel endroit d'Eu- «rope & y reviennent.»

«Je ne veux retenir, Messieurs, que ce dernier mot du grand satiriste & je souhaite qu'il soit prophétique aujourd'hui encore. Ce dont je suis sûr, par exemple, c'est que Paris, de tout son cœur, désire vous revoir souvent.

«Je bois, Messieurs, à votre belle œuvre créatrice de justice & de pro- grès, non seulement nationale pour nos deux grands pays, mais mondiale par les conséquences qui en résultent ; je bois à tous les membres de votre Société, à tous les vrais amis de l'Entente Cordiale, merveilleux instru- ment de pacification européenne, gage inestimable de paix universelle, puisqu'elle n'est dirigée contre personne & ne menace personne.»

LE DÉJEUNER DU GUILDHALL.

Le lendemain 25 juin, à 1 heure, le Président de la République était reçu au Guildhall. Au déjeuner offert par le Lord Maire, le Président du Conseil municipal de Paris avait été convié : ses collègues avaient reçu une invitation pour la réception qui précéda.

Assis sous un dais, sur un trône de bois sculpté, dans la belle biblio- thèque qui est la salle des séances du Guildhall, le Lord Maire, Sir David Burnett[1], revêtu de sa magnifique robe de velours couleur rubis couverte d'hermine & portant le collier d'or & de diamants, insigne de sa dignité, & la Lady Mayoress reçoivent leurs hôtes. Debout, à leurs côtés, se tiennent impassibles le massier & le porte-glaive. A leurs bancs ont pris place les Aldermen en robe écarlate ainsi que les Membres de la Corporation avec

---

[1] Sir David Burnett, fait chevalier de la Légion d'honneur, lors de la réception au Guildhall de M. le Président Loubet (il remplissait alors les fonctions de sheriff), reçut à l'occasion de la visite de M. le Pré- sident Poincaré la plaque de Grand-Officier.

leurs manteaux de soie bleue. Et c'était un tableau merveilleux que composaient tous ces dignitaires, présents comme leurs ancêtres dans leurs costumes immuables. Les deux grands portraits de Jacques II & de Charles II, — propriété de la Corporation des maîtres tisserands — qui sont fixés au dais, semblaient les contempler.

Par une délicate attention, le Président & la Délégation du Conseil municipal de Paris avaient été invités à se tenir aux côtés du Lord Maire.

Les invités — qui sont au nombre de 773 — arrivent un à un. Ils sont annoncés par les huissiers, puis conduits aux places qui leur sont destinées. Voici M. Balfour, qui représente la Cité à la Chambre des Communes, M. Asquith, Sir Edward Grey, les Ministres, les Membres de la Cour & de de l'aristocratie, le Corps diplomatique, les Autorités militaires. Bientôt la salle s'emplit. L'élite de l'Angleterre est là.

Le Duc de Connaught, le Prince Arthur de Connaught, le Prince Alexandre de Battenberg — qui ont accepté d'assister au banquet — sont annoncés. Le Lord Maire et la Lady Mayoress, remettant au premier Alderman le soin d'accueillir leurs hôtes, se dirigent avec le Comité de réception vers la porte du Guildhall pour recevoir les Membres de la Famille royale, dont l'arrivée est annoncée par deux trompettes, vêtus de rouge, qui font entendre une sonnerie stridente.

Quelques instants après la *Marseillaise* retentit. Le carrosse qui amène le Président de la République entre dans la cour. M. Raymond Poincaré, à qui ont été remises les clefs de la Cité, dès qu'il en a franchi l'enceinte, reçoit les hommages du Lord Maire. Après les présentations d'usage, le cortège se forme pour gagner la bibliothèque. En tête marchent les trompettes de la Cité, puis les maréchaux de la Cité, le Président & les Membres du Comité de réception, le Town-Clerk, les Sheriffs, le Recorder, la suite du Duc de Connaught, la suite de M. Poincaré, le Prince Alexandre de Battenberg, le Duc de Connaught, le Prince Arthur de Connaught, le Massier & le Porte-Glaive, & enfin le Lord Maire, le Président de la République & la Lady Mayoress.

Une fanfare annonce l'entrée de M. Poincaré dans la salle. L'orchestre joue la *Marseillaise*. Le Président de la République prend place à la droite du Lord Maire.

Sur une table, devant eux, est placé le coffret, présent de la Corporation des maîtres orfèvres.

Ce coffret en or est de forme rectangulaire. Chacune des faces principales est divisée en trois parties, séparées par un pilastre & de riches moulures.

La cassette est bordée aux quatre angles par quatre cupidons ailés, assis sur des dauphins. Le coffret est orné d'un écusson portant l'initiale P en pierres précieuses. Les détails des ornements se composent de feuillages repoussés & d'enroulements très fouillés. Le piédestal en argent porte en relief les armes de la cité de Londres. Aux coins, des figures représentent l'Angleterre & la France. L'ensemble repose sur un pied en chêne.

Au dos du couvercle est gravée l'inscription suivante :

PRÉSENTÉ

PAR LA CORPORATION DE LA CITÉ DE LONDRES

À

RAYMOND POINCARÉ

AVEC UNE ADRESSE DE BIENVENUE

À L'OCCASION DE SON HEUREUSE VISITE

EN ANGLETERRE

COMME HÔTE DE SA MAJESTÉ LE ROI GEORGE.

Guildhall, 25 juin 1913.

Conformément aux usages traditionnels, les trois coups de «gavel» sont frappés & le Conseil se réunit. Le Chairman s'avance vers le Lord Maire & lui lit l'ordre du jour, ainsi qu'il le fait au début de chaque séance; il lui dit qu'il est saisi d'une proposition tendant à présenter une adresse au Président de la République. Le «Recorder» donne lecture de l'adresse. Un Alderman prononce quelques mots pour la défendre. Elle est mise aux voix. Les mains se lèvent. L'adresse est régulièrement délibérée.

En voici le texte :

«A Monsieur Poincaré, Président de la République française.

«Nous, le Lord Maire, les Aldermen & Conseillers municipaux de la Cité de Londres, assemblés en Conseil commun, sommes heureux de vous souhaiter cordialement & sincèrement la bienvenue à l'occasion de votre visite à la Cité de Londres, & de vous remercier de l'honneur que vous nous avez fait en venant ici aujourd'hui. Nous nous réjouissons de pouvoir vous exprimer le plaisir que nous avons à vous saluer dans notre ancien Guildhall, & de témoigner des sentiments d'amitié cordiale & d'admiration que nous éprouvons pour votre grande Nation, sentiments que tout le peuple du Royaume-Uni de Grande-Bretagne & d'Irlande partage, nous le savons.

« Nous rappelons avec plaisir les occasions que nous avons eues de recevoir dans cette salle historique deux de vos prédécesseurs immédiats, appelés, comme vous l'avez été, à présider aux destinées de votre pays & qui, après plusieurs années de loyaux services, ont déposé la lourde charge du pouvoir.

« Nous comptons que les liens d'amitié, de bonne volonté & d'identité dans les intérêts, qui existent entre votre pays & le nôtre, grandiront, toujours plus forts & plus sûrs, & aideront ainsi à la prospérité des deux nations & à la paix du monde.

« En résumé, nous prions que toutes les bénédictions soient sur vous & que le bonheur & la prospérité soient assurés à la France sous votre juste & sage direction. »

L'adresse sur parchemin est placée dans le coffret, lequel est remis au Président de la République.

M. Raymond POINCARÉ répond par ces mots :

« MONSIEUR LE LORD MAIRE,

« Je vous remercie, ainsi que MM. les Aldermen & Conseillers de la Cité de Londres, des souhaits de bienvenue que vous voulez bien m'adresser, au moment où je pénètre, avec une profonde émotion, dans cet édifice auguste & vénérable qui abrite de si vieilles & si glorieuses coutumes.

« C'est ici que le présent s'enchaîne étroitement au passé, ici que se retrouvent les origines de votre vie municipale, ici que vos anciennes Corporations ont créé une capitale commerciale dont l'éclat devait rapidement rayonner sur le monde.

« En foulant ce sol, où le bruit de nos pas fait lever tant de souvenirs historiques, je ne puis me défendre d'un sentiment de respect & d'admiration.

« Souffrez, Messieurs, que je m'y abandonne & que je reporte, avec piété, ma pensée vers l'époque lointaine dont je respire ici le parfum. Rien ne saurait mieux faire comprendre à un ami de l'Angleterre quel surcroît de force un grand peuple passionné pour le progrès trouve dans le culte éclairé de ses traditions nationales. »

Des acclamations frénétiques saluent les paroles du Président de la République. Les trompettes sonnent à nouveau & le cortège se reforme. Avec

, la même pompe, M. Raymond Poincaré est conduit dans la salle du banquet.

La salle est toute de splendeur, avec ses hautes voûtes gothiques qu'éclairent d'incomparables vitraux, ses stalles de vieux chêne, le plafond de bois sculpté dont les tons fauves se rehaussent du reflet des étendards cramoisis ou bleu de roi de toutes les grandes corporations, qui pendent entre ses arcs-boutants : étendards dès maîtres bouchers, maîtres selliers, barbiers & orfèvres, marchands de chandelle, de cire, &c. Les anciennes coutumes de la Cité sont toujours en honneur. C'est ainsi que, sur deux tribunes dressées à deux des angles de la salle, deux écuyers découpent d'énormes quartiers de bœuf (*barons of beef*) suivant un cérémonial qui comporte même l'exécution d'un air national.

Après que tous les invités ont pris place, les trompettes sonnent. Le maître des toasts, placé derrière le Lord Maire, se lève & d'une voix éclatante crie : «Ladies & gentlemen, faites silence, pour que M. le Chapelain du Lord Maire puisse dire le *Benedicite*». Et le Chapelain, debout dans la salle, récite la prière. Le repas est ensuite servi. Le maître des toasts se lève de nouveau & clame : «Ladies & gentlemen, faites silence, afin que M. le Chapelain de Sa Seigneurie le Lord-Maire dise les grâces!» Quelques instants après, il reprend : «Entendez le toast au Roi & à la Reine Mary».

Le Lord-Maire se lève, porte le toast, &, après une nouvelle sonnerie, prononce ce discours :

« Altesses Royales & Sérénissimes,

« Excellences, Mylords, Mesdames & Messieurs.

« Ce m'est aujourd'hui un grand honneur de proposer, au nom du Conseil & des citoyens de Londres, la santé de M. Poincaré, Président de la République française, notre éminent visiteur & hôte en cette solennelle circonstance.

« J'ai la conviction que ce toast rencontrera votre plus chaude approbation, car nous nous proposons ici non seulement d'assurer le Président de notre profond respect pour sa personne, mais encore de témoigner ainsi, très sincèrement & très cordialement, des sentiments de bonne amitié dont nous sommes animés à l'égard de cette grande & glorieuse nation, dont il est le premier citoyen.

« Rappelons que c'est la troisième fois en dix ans que la Ville de Londres a la grande satisfaction de recevoir dans cet édifice, qui au cours de sa longue histoire a été témoin de tant d'événements émouvants d'une portée dépassant nos frontières, le Président de la République avec les honneurs dus à un tel visiteur. La plupart d'entre nous se souviennent des visites des deux éminents prédécesseurs du Président, de l'enthousiasme que ces visites ont provoqué, & de l'échange de sentiments fraternels qui les ont caractérisées.

« A M. Poincaré, nous souhaitons aujourd'hui une bienvenue également cordiale, car nous nous réjouissons de l'occasion qui nous est donnée, si peu de temps après son élection à la haute charge qu'il occupe, d'adresser de tout cœur nos plus respectueuses félicitations à celui qui est devenu le premier citoyen de la République, après une carrière dont il peut être fier au regard de ses concitoyens & de nous-mêmes, simples mais sympathiques spectateurs, comme d'un modèle de la plus parfaite intégrité, de mérite universellement reconnu dans les nombreux domaines où son activité s'est manifestée, & par-dessus tout de patriotisme ardent & élevé.

« La visite du Président dans ce pays, comme hôte de Sa Majesté le Roi, contribuera, nous en sommes sûrs, à fortifier & à développer encore les liens de cordiale sympathie & amitié qui existent heureusement depuis si longtemps entre les deux nations.

« Puissent-elles dans les années à venir poursuivre côte à côte, & dans une coopération harmonieuse & généreuse avec les autres grandes nations du monde, leurs efforts inlassables pour assurer la paix, l'amitié & la concorde. Tel est notre vœu le plus sincère & le plus ardent !

« C'est pour toutes ces raisons que nous souhaitons au Président, tant au chef de l'État qu'à l'homme privé, une cordiale & respectueuse bienvenue dans la ville de Londres & nous avons confiance que la période pendant laquelle il occupera ses hautes fonctions sera, pour la France, une époque de prospérité toujours grandissante &, pour lui, une nouvelle & heureuse occasion de développer ses éminentes qualités.

 « Altesses Royales & Sérénissimes,

 « Excellences, Mylords,

 « Mesdames, Messieurs,

 « Je lève mon verre à la santé du Président de la République française. »

Le Président de la République répond en ces termes :

« Monsieur le Lord-Maire,

« C'est, comme vous le rappelez, la troisième fois en dix ans que la puissante Cité, dont vous êtes le premier magistrat élu, offre à un Président de la République française une de ces magnifiques réceptions dont votre Corporation a gardé le privilège.

« Lorsque mon honorable prédécesseur, M. Loubet, est venu parmi vous au mois de juillet 1905, nos deux pays n'avaient pas encore signé les accords qui devaient assurer entre eux un rapprochement définitif; mais déjà ils se cherchaient & la date était proche où ils allaient se rencontrer & se tendre la main.

« L'année suivante, des conventions étaient passées, qui dégageaient désormais de tout malentendu les relations de l'Angleterre & de la France, & il n'est pas un de mes compatriotes qui ait oublié l'heureuse impulsion donnée, en cette occasion décisive, par Sa Majesté le Roi Édouard VII, à l'œuvre de concorde qui lui a survécu.

« En 1908, lorsque à son tour M. Fallières a répondu à l'invitation de la Cité, les deux peuples avaient déjà compris, à l'épreuve de plusieurs années, l'efficacité de leur entente. Une grande exposition franco-britannique, ouverte à Londres avec un vif éclat, présentait, sous une forme concrète, les bienfaits immédiats de cette collaboration pacifique. En célébrant, par une même manifestation, le génie anglais & le génie français, vous aviez fait apparaître à tous les yeux ce qu'il y a de permanent & de fécond dans la communauté de nos intérêts.

« Aujourd'hui, l'amitié des deux nations s'est encore, s'il est possible, resserrée & affermie. Il ne se produit pas un seul incident de nature à engager la politique internationale sans que les Gouvernements amis échangent loyalement leurs vues & cette coopération continue, qui n'exclut le concours d'aucune autre puissance & qui tend au contraire au maintien de l'entente européenne, établit entre le Royaume-Uni & la France une habitude de confiance fraternelle & de commune volonté.

« L'idéal de paix & de progrès qui éclaire l'esprit des deux peuples n'est nulle part plus radieux que dans cette illustre Cité, où la vie économique s'est développée avec une intensité prodigieuse & où se manifeste, de toutes parts, la force souveraine du travail humain.

« Je me réjouis donc vivement d'avoir pu vous rendre visite, & je garderai de votre accueil un souvenir impérissable.

« Je lève mon verre en l'honneur du Lord-Maire & de la Corporation de la Cité de Londres. »

Le discours de M. Raymond Poincaré est salué d'acclamations enthousiastes.

LE DÎNER DE L'AMBASSADE DE FRANCE.

Le soir avait lieu, à l'Ambassade de France, dans la somptueuse salle des Bals, tout ornée de fleurs & de verdure, le dîner offert par le Président de la République. Le Président du Conseil municipal était au nombre des convives. A la table d'honneur où avaient été disposées de merveilleuses corbeilles d'azalées & de roses « France », le Président de la République avait à sa droite Sa Majesté le Roi de Grande-Bretagne & d'Irlande, M. Pichon, ministre des Affaires étrangères, le Prince Arthur de Connaught, les Ambassadeurs d'Autriche, d'Italie, d'Espagne, du Japon; à sa gauche, le Prince de Galles, le duc de Connaught, les Ambassadeurs de Russie, de Turquie, d'Allemagne, des États-Unis.

Parmi les autres personnalités présentes se trouvaient :

Sir Edward Grey, le Comte de Lonsdale, M. Mollard, M. Balfour, le Lord Maire, le Premier Ministre, le Duc d'Argyll, le Colonel Seely, M. Bonar Law, l'Amiral Prince Louis de Battenberg, le Marquis de Lansdowne, l'Ambassadeur d'Angleterre à Paris, Sir Arthur Nicolson, le Général Paget, le Lord Chancelier, le Comte Rosebery, Lord Farquhar, M. Winston Churchill, le Maréchal French, Lord Stamfordham, Secrétaire privé de Sa Majesté, l'Amiral Favereau, le Commandant Saillard, l'Amiral Poe, le Commandant de Saint-James, le Colonel de La Panouse, le Colonel Aldebert, M. Pognon, administrateur de l'*Agence Havas;* le personnel de l'Ambassade, le Consul général, M. Jean Périer, les principaux Membres de la Colonie française à Londres.

Après le dîner, Sa Majesté le Roi s'entretint longuement avec le Président du Conseil municipal de Paris.

M. Chassaigne Goyon Lui ayant fait part du désir de ses collègues du Conseil municipal de Paris qui seraient très honorés de Lui être présentés, Sa Majesté voulut bien l'assurer qu'Elle en conférerait avec le maître des cérémonies & serait heureuse que cette présentation pût avoir lieu le lendemain soir au bal de la Cour auquel étaient conviés les Élus de Paris.

RÉCEPTION DE LA DÉLÉGATION PARISIENNE
PAR LA MUNICIPALITÉ DE WESTMINSTER.

Le lendemain 26 juin, à 10 heures, la Délégation du Conseil municipal de Paris était officiellement reçue à l'Hôtel de Ville de Westminster par la Municipalité. La réception fut brillante, cordiale.

Dans la salle des séances, un grand nombre de Membres de la Municipalité étaient présents; les Aldermen : Lieutenant-Colonel Probyn, G. W. Tallents, R. W. Walden, Capitaine Jessel, H. Gray, L. Emden, tous revêtus de leur robe rouge; les Conseillers Lawrence, Tozer, Edwards, Bennett, Somers-Cocks, Simner, Hexamer, Dutch, Phillips, Gluckstein, Gatti, Sykes, Davis, Bingham, Griffiths, Dalton, Russell, Frost, Pulman, Wallis, Dixon, G. W. Smith, Greenwood, Draper, Cook, qui portaient la robe bleue.

On remarquait dans les galeries : Mme Fletcher Moulton, Mayoress de Westminster, Mmes Granville-Smith & Wolley Waldon, du Comité de réception, et parmi les invités : le Docteur Ryle, ancien évêque, doyen de Westminster, Lady Parker, Sir Roper & Lady Parkington, Sir Thomas & Lady Barclay, Mme Grace Ellison, M. & Mme Barron, M. F. Bullack, M. Barton Kent, membre de l'association l'«Entente Cordiale», qui reçut la veille la croix de chevalier de la Légion d'honneur.

Dans la salle, comme il est de coutume lors des cérémonies particulièrement solennelles, étaient exposés les trésors de Westminster : la célèbre tabatière [1], la coupe Pickering, confiées à la garde de Sir Henry Craik & de M. Percy Gates.

Après que les Membres du Conseil municipal de Paris eurent pris place dans la salle des séances, salués à leur arrivée par une flatteuse manifestation de sympathie, le Maire de Westminster prit la parole.

---

[1] Cette tabatière en corne, achetée à la foire de Charlton il y a plus de deux cents ans pour quelques *pence*, est devenue un talisman, confié à la garde de deux citoyens notables, qui en sont responsables pour un an. Entourée d'abord d'un cercle en argent avec inscription, puis déposée dans un coffre d'argent, la tabatière a été enrichie, par chaque gardien, de plaques, de coffres nouveaux, d'ornements emblématiques et historiques, dont un, entre autres, de la main même de Hogarth. Les noms célèbres de Swift, Atterbury, Addison, Pope, Johnson, Burke et Wordsworth figurent dans cette relique vénérée, qui atteint une hauteur d'un mètre environ, et a la forme d'une coupole couronnée de la statuette en argent de la Reine Victoria.

Il expliqua tout d'abord qu'il avait convoqué le Conseil en assemblée extraordinaire en vue de pouvoir souhaiter aux Représentants du Conseil municipal de Paris une sincère & cordiale bienvenue. Puis il s'adressa aux Membres de la Municipalité de Paris. Il le fit en français, bien que, dit-il, il n'eût plus l'habitude de parler notre langue. Il les salua au nom du Conseil municipal de Westminster; il expliqua que le comté de Londres est divisé en deux cités & en vingt-huit bourgs. La Cité de Londres, présidée par son collègue, le Lord Maire, est l'une des deux cités; la Cité de Westminster est l'autre. La Cité de Londres comprend dans son enceinte le Guildhall (hôtel de ville), la Banque d'Angleterre, les Cours de justice &, en général, les grandes maisons de commerce. La Cité de Westminster comprend le Palais de Buckingham, les autres Palais et Musées, l'Ambassade de France & aussi la grande & florissante colonie française. Il était donc tout naturel que le Conseil municipal de Westminster reçût les Représentants de Paris, la ville sœur, & leur exprimât le sentiment de cordialité qui est dans le cœur de tous.

Des applaudissements chaleureux saluèrent cette charmante allocution, prononcée, malgré les craintes que le Maire de Westminster formula en commençant, dans un français très correct.

M. Granville-Smith prit ensuite la parole dans notre langue dont il connaît à fond toutes les nuances & toutes les finesses — on croirait entendre un Français. C'est, dit-il, un grand délice pour le Conseil municipal de Westminster de saluer le Président & les Membres de la Municipalité de Paris. Il félicita le Maire d'avoir, dans cette pensée, convoqué le Conseil en séance extraordinaire. A son avis, il était indispensable que le Président de la Municipalité de Paris se trouvât au côté du Maire de Westminster au moment où le Président de la République française se trouvait au côté du Roi d'Angleterre. M. Granville-Smith affirma que c'était le vœu de tous que cette visite pût cimenter la cordiale amitié qui déjà unit les deux Nations & contribuer à l'affermissement des relations fraternelles étroites nouées entre les deux peuples.

Les paroles de M. Granville-Smith furent soulignées d'unanimes bravos. Des allocutions applaudies furent ensuite prononcées par le Capitaine Jessel, M. Gatti, les Aldermen Tallents & Emden.

Le Capitaine Jessel dit que l'attitude des foules dans les rues de Londres & l'enthousiasme avec lequel fut accueilli le Président Poincaré attestaient de manière significative les sentiments d'amour & le désir de bonne amitié & de bonne entente qui animaient l'Angleterre pour sa grande nation sœur,

la France. «Nous avons parmi nous les représentants de la plus grande Municipalité de France. Paris est la cité enviée du monde entier, & je pense
que nous avons à Londres beaucoup à apprendre de Paris dans le domaine
des affaires municipales, mais en même temps j'espère que nos distingués
hôtes voudront bien se détourner un moment de l'hospitalité qui leur est
offerte & porter leur attention sur nos problèmes édilitaires. Ils trouveront
aussi qu'ils ont à apprendre quelque chose de nous, quelque chose qu'ils
emporteront chez eux pour le bien de la grande Municipalité aux destinées
de laquelle ils président avec tant de compétence.»

Après les bravos nourris qui soulignèrent ces paroles, M. Gatti s'exprima
en ces termes, également en un français très pur : «Les sentiments
qui nous animent tous, dit-il, sont précisément ceux de cordiale amitié
pour nos collègues de l'autre côté du détroit. Nous aurions voulu, s'il avait
été possible, les recevoir avec plus de magnificence, mais notre souhait de
bienvenue n'en est pas moins sincère. Je suis extrêmement heureux de cette
visite, car elle doit mener enfin à une union plus étroite des deux pays
& j'espère que la semence répandue dix ans auparavant, lors de la visite du
Président Loubet, portera des fruits en abondance & consolidera l'Entente
Cordiale. Je félicite le Maire d'avoir, par cette réunion, ajouté une nouvelle
pierre à l'édifice du grand temple de la paix internationale.»

Cette allocution fut très goûtée de l'assemblée qui manifesta son approbation par d'enthousiastes applaudissements.

L'Alderman Tallents & l'Alderman Emden adressèrent ensuite des
souhaits de bienvenue aux Conseillers de Paris. L'Alderman Emden rappela
qu'il avait eu l'honneur, alors qu'il était maire de Douvres, de saluer le Président Fallières, lors de son voyage en Angleterre.

M. Chassaigne Goyon, président du Conseil municipal de Paris, parlant
en son nom & au nom de ses collègues, exprima de cordiaux remerciements
pour l'amabilité & la spontanéité avec lesquelles le Conseil municipal de
Westminster recevait la Délégation du Conseil municipal de Paris. Il dit que
ses collègues & lui avaient écouté avec une joie mêlée de gratitude les
discours prononcés en leur propre langue & en anglais, & que leurs cœurs
en avaient été touchés. Ils avaient appris beaucoup au cours de leur visite
à Londres, car bien des institutions communales de Londres étaient parfaites.
Il espérait que les Membres du Conseil municipal de Westminster se ren-
draient bientôt à Paris & en grand nombre; les délégués pourraient être
assurés de la plus cordiale réception.

M. Chassaigne Goyon ajouta qu'il ne désirait pas faire d'incursion sur le terrain politique, mais que les orateurs précédents y ayant fait une allusion, il voulait suivre leurs traces. Il désirait sincèrement que cette visite & les rapports unissant les représentants des deux Cités & des deux Nations eussent pour effet de transformer l'Entente Cordiale en une alliance définitive.

Les paroles du Président du Conseil municipal de Paris furent acclamées.

A la fin de la séance, le Maire pria les Membres de la Délégation parisienne de boire, avec les Aldermen de la Cité, dans la coupe d'amour. La célèbre coupe Pickering passa de mains en mains, suivant une vieille & originale tradition.

Après la signature du procès-verbal de la séance, un thé fut servi dans les salons.

M. Chassaigne Goyon & ses collègues s'entretinrent cordialement avec les Membres de la Municipalité de Westminster.

LE BAL DE LA COUR.

Le soir avait lieu, au Palais de Buckingham, le bal de la Cour.

MM. Chassaigne Goyon, président du Conseil municipal, Le Corbeiller, Gay, Deville, Massard, Merlin — remplaçant M. Galli qui avait été obligé de rentrer à Paris — y furent conviés, & eurent l'honneur d'être présentés à Leurs Majestés.

Ce fut une féerique soirée, ainsi que devait le rappeler quelques mois plus tard le Président du Conseil municipal dans le discours qu'il adressait à Sa Majesté le Roi George V à l'Hôtel de Ville de Paris. Uniformes brodés d'or ou d'argent tout constellés, robes exquises des princesses & des pairesses sur lesquelles des joyaux magnifiques scintillaient de mille feux, se mêlaient en ce décor paré de plantes, de fleurs rares, de tapisseries éclatantes, & splendidement illuminé.

La noblesse du sang, celle de l'intelligence se trouvaient là réunies : tous les Membres de la Famille royale, le Corps diplomatique en entier, les Officiers généraux de l'armée & de la marine, les hommes politiques éminents de l'Angleterre, les représentants de toute la société londonienne.

A 10 heures précises, le Président de la République fit, aux accents de la *Marseillaise* qu'exécuta un orchestre de 130 musiciens placés dans une tribune, son entrée dans le grand salon du Palais, donnant le bras à Sa Majesté la Reine tandis que Sa Majesté le Roi, qui portait l'uniforme de horse-guard, accompagnait la Princesse royale de Suède. Les souverains étaient précédés de huit chambellans, tenant à la main la longue canne d'ivoire, insigne de leurs fonctions, dont quatre marchaient à reculons faisant face au cortège, suivis des Membres de la Famille royale. Ils prirent place sous un dais aux tentures rouge & or. Sur une estrade tapissée de rouge se dressait le trône. Trois fauteuils y avaient été disposés. La Reine occupa celui du milieu, ayant à sa droite le Président de la République, à sa gauche le Roi. Derrière eux se tenaient debout les princesses & les princes de la Famille royale. A droite du trône, étaient groupées, également debout, les duchesses de la Cour, portant leur diadème; à gauche, les femmes des Ambassadeurs, des Ministres plénipotentiaires & Envoyés extraordinaires. Devant eux, un espace gardé par des chambellans restait libre, étant réservé pour le quadrille d'honneur, par lequel, suivant la coutume, s'ouvre le bal.

Peu après, le quadrille commença : vingt-deux couples y participèrent. Le Roi avait pour partenaire la Princesse héritière de Suède; le Duc de Connaught dansait avec la Reine; le Prince de Galles avec la Princesse Victoria; M. Cambon avec la Princesse Henri de Battenberg; l'Ambassadeur de Russie avec la Princesse Patricia; l'Ambassadeur d'Italie avec la Princesse Victoria de Slesvig-Holstein; l'Ambassadeur d'Espagne avec la Princesse Marie-Louise de Slesvig-Holstein; le Ministre de Belgique avec la Marquise de Salisbury; l'Ambassadeur d'Allemagne avec la Marquise Impériali, femme de l'Ambassadeur d'Italie; le Ministre de Suède avec la Comtesse de Lalaing, femme du Ministre de Belgique.

Après le quadrille, le grand Maître des cérémonies vint trouver le Président du Conseil municipal & ses collègues en leur faisant savoir son intention de les présenter immédiatement à Leurs Majestés.

L'orchestre avait déjà attaqué une valse, les danses commençaient de nouveau, lorsque le grand Maître des cérémonies arrêta orchestre & danses & conduisit la Délégation devant Leurs Majestés. M. Cambon, ambassadeur de France, assistait à la présentation.

M. Chassaigne Goyon & ses collègues offrirent leurs hommages aux Souverains qui leur réservèrent un accueil empreint d'infinie bonne grâce. C'est au cours de cet entretien que le Président du Conseil municipal fit part à Sa Majesté du très vif désir qu'avait l'Assemblée communale de Le saluer à l'Hôtel de Ville lors de son prochain voyage en France. Le Roi répondit qu'Il serait heureux de se trouver en contact avec la population parisienne & ses élus. M. Chassaigne Goyon exprima à Sa Majesté la Reine le vœu qu'Elle daignerait accompagner Sa Majesté le Roi dans cette visite, & la Reine voulut bien le laisser espérer au Président du Conseil municipal. Les

Membres du Conseil municipal de Paris s'éloignèrent en exprimant à Leurs Majestés leur profonde gratitude pour le haut témoignage de sympathie qu'en leurs personnes Elles venaient de donner à la Ville de Paris.

Le second quadrille d'honneur commença. La Reine y prit part, ainsi que les princes, les princesses, les ambassadeurs.

Vers minuit, les Souverains, le Président de la République, les Membres de la Famille royale se retirèrent pour se rendre dans la salle du souper.

M. Chassaigne Goyon & les Membres de la Délégation parisienne quittèrent le Palais de Buckingham, emportant l'ineffaçable souvenir de cette soirée.

LE DÎNER OFFERT PAR M. CYRIL COBB.

Le lendemain, 27 juin, les Membres du Conseil municipal de Paris étaient invités à dîner 52, Portland Place, par M. Cyril Cobb, président du County Council, qui avait convié plusieurs de ses prédécesseurs & un certain nombre de ses collègues de l'Assemblée londonienne.

MM. Chassaigne Goyon, Le Corbeiller, Gay, Deville, Merlin se rencontrèrent ce soir-là avec Lord Peel, Lord Hill, Lord Cheylesmore, Sir John Benn, Sir Edward White, Colonel Cavaye, Colonel Probyn, Major Levita, & MM. H.-E. Cotton, Granville-Smith, H.-J. Greenwood, Percy A. Harris, Cyril Jackson, W.-C. Johnson, Sir John Morrow, R.-C. Norman, Philipp Pilditch, L. Rostron, Percy Simmons, Evan Spicer, Oscar Warburg & Henry Ward.

A l'issue du dîner, des allocutions furent prononcées par MM. Cyril Cobb, Chassaigne Goyon, Deville & Granville-Smith.

M. Cyril Cobb s'exprima ainsi :

«Monsieur le Président,

«En mon nom personnel & au nom de tous les Membres du Conseil du Comté de Londres, je désire exprimer le plaisir tout particulier que tous nous éprouvons en vous voyant & en vous saluant en ce moment, vous & vos collègues.

«Nous nous rappelons, avec une infinie reconnaissance, la splendide hospitalité que la Ville de Paris a offerte à la Ville de Londres en 1905.

Avec non moins de plaisir, non moins de gratitude, nous nous rappelons la visite — plus récente — de 500 élèves des écoles élémentaires de Londres dans votre Ville & la réception cordiale, enthousiaste, que leur a faite toute la population de Paris.

« J'espère, Monsieur le Président, que vous emporterez, vous & vos collègues, d'agréables souvenirs de la réception faite au Chef de l'État français par notre très gracieux souverain le Roi George V, par la Ville de Londres & par toute la Nation.

« Ces visites sont les manifestations renouvelées d'une amitié qui est devenue presque une habitude nationale. Puisse ce sentiment durer longtemps comme un gage de bonheur & de prospérité pour nos deux Cités & nos deux Nations !

« Je lève ma coupe à Paris & à son honorée Municipalité. Je bois au Président du Conseil municipal & je saisis cette occasion, Monsieur le Président, pour vous remercier spécialement de votre sympathique discours de mardi dernier, lorsque nous eûmes tous le privilège de vous saluer dans notre hôtel du Comté. »

M. Chassaigne Goyon, dans une allocution fort goûtée, remercia encore une fois les Membres de l'Assemblée communale londonienne des attentions sans nombre qu'ils avaient eues pour les Élus de Paris, au cours de ces dernières journées; il parla de l'impression ineffaçable que leur laisserait la capitale du glorieux Royaume-Uni aux aspects grandioses, aux contrastes si variés & si puissants; il dit le souvenir charmant que ses collègues & lui emportaient des cérémonies & fêtes auxquelles ils venaient d'assister; leur joie de voir de plus en plus se fortifier — pour le plus grand bien de la paix & de la civilisation — les liens noués entre deux peuples que tout rapprochait : le même idéal, la même passion de la liberté, une estime réciproque, la similitude des intérêts. En terminant, M. Chassaigne Goyon invita, au nom de la Ville de Paris, les Membres du County Council à se rendre à Paris où ils pouvaient être assurés d'être chaleureusement accueillis.

M. Deville se leva à son tour. Il fit l'historique de la mission que venaient de terminer les Conseillers municipaux parisiens. Il en montra l'importance, ajoutant que c'était M. le Président de la République lui-même, qui avait désiré voir auprès de lui les Représentants de la Ville de Paris. M. Deville fit ensuite, avec beaucoup de charme & de sincérité, l'éloge du trop modeste M. Granville-Smith que l'assistance acclama longuement.

Enfin M. Granville-Smith, dans une allocution, charmante d'esprit & de bonne humeur, évoqua les journées qui venaient de s'écouler & but à l'amitié toujours plus cordiale, toujours plus intime des représentants des deux capitales.

Après le dîner, les Conseillers parisiens, accompagnés de leurs collègues londoniens, passèrent la soirée au Théâtre Royal. Des loges, parées de magnifiques fleurs de France, avaient été mises à leur disposition. Ils entendirent & applaudirent une des grandes artistes de la Russie, la Pawlowa.

LE DÉPART

DE LA DÉLÉGATION MUNICIPALE PARISIENNE.

Le lendemain, 28 juin, M. Chassaigne Goyon & les Membres de la Délégation parisienne quittaient Londres, salués à leur départ par les bons amis qui les avaient fêtés. Ils emportaient le souvenir de réconfortantes & radieuses journées, heureux d'avoir ajouté à la force des liens qui unissaient les deux Cités & leurs élus, pleins de foi dans l'avenir de cette Entente Cordiale qui répond aux vœux de deux grands peuples.

SA MAJESTÉ LE ROI GEORGE V

(Cliché W. et D. Downey, Londres)

RÉCEPTION
À L'HÔTEL DE VILLE DE PARIS

LEURS MAJESTÉS LE ROI ET LA REINE
DE GRANDE-BRETAGNE ET D'IRLANDE.

Ainsi qu'on l'a vu [1], Leurs Majestés le Roi & la Reine de Grande-Bretagne & d'Irlande avaient, au cours de l'inoubliable soirée du Palais de Buckingham du 26 juin 1913, à laquelle avaient été conviés le Président & les Délégués du Conseil municipal de Paris, accepté avec empressement l'invitation que M. Chassaigne Goyon Leur avait adressée de se rendre à l'Hôtel de Ville, lors de Leur séjour en France.

La visite des Souverains fut fixée par les Gouvernements des deux pays du 21 au 24 avril, & la réception à l'Hôtel de Ville prévue pour le 22 avril à 5 heures de l'après-midi.

Le Bureau du Conseil municipal, interprète de l'Assemblée, décida de donner à cette fête un grand éclat.

La Ville de Paris, qui avait eu l'honneur de recevoir en 1855 la grande aïeule du Roi George, la Reine Victoria, puis en 1903 Son illustre père, le Roi Édouard VII, se devait d'accueillir magnifiquement le souverain qui, digne continuateur des traditions de famille, s'efforçait depuis son avènement de rendre toujours plus intime l'amitié de l'Angleterre & de la France.

M. Chassaigne Goyon, président de l'Assemblée communale, conféra aussitôt avec M. Marcel Delanney, préfet de la Seine, & le pria de vouloir bien donner des instructions pour que les Services compétents de son Administration fussent mis à la disposition du Bureau en vue de l'organisation de la réception.

[1] Page 36.

M. le Préfet de la Seine, qui partageait pleinement les vues des Représentants de Paris, s'associa avec une parfaite bonne grâce au désir qui lui était exprimé & délégua, pour collaborer avec le Bureau, M. Falcou, directeur des Beaux-Arts & des Musées, commissaire général des fêtes.

M. Falcou, qui fut secondé par un personnel dévoué, devait s'acquitter à la satisfaction de tous de la tâche qui lui était confiée.

Il fut décidé que tous les édifices communaux de la Capitale seraient pavoisés. L'Hôtel de Ville revêtirait sa parure des grands jours. La cour du Centre, dite cour Louis XIV, serait transformée en jardin d'hiver; les salons recevraient une somptueuse décoration.

D'autre part, M. le Préfet de la Seine donna des ordres pour que rien ne manquât à la grâce de Paris. Il prescrivit que les chantiers ouverts dans la cité seraient réduits en surface, que les palissades seraient modifiées, repeintes, ornées de draperies et de trophées de drapeaux. Une maison située à l'angle de la place Beauvau & de la rue de Miromesnil était en démolition. L'aspect en était désagréable. M. Delanney fit édifier, pour la dissimuler, une longue & haute barrière de couleur crème, surmontée d'emblêmes des deux nations, & à laquelle fut fixé un décor en treillage vert le long duquel grimpait du lierre; les pilastres étaient reliés par des guirlandes de mahonia; des mâts supportaient des pavillons français & anglais. Les propriétaires de maisons privées où s'exécutaient des travaux furent invités à remettre en état les échafaudages. Enfin les initiatives individuelles rivalisèrent d'originalité pour contribuer à la décoration de la cité & concourir à l'éclat de la réception. Les Comités des quartiers de l'Opéra, de la rue de la Paix, de la place Vendôme, de la rue Royale, constitués par les représentants du commerce parisien, tinrent à maintenir le renom de bon goût & d'élégance de la capitale. Dans ces voies si vivantes on circula pendant quatre jours sous des voûtes de fleurs, lesquelles s'embrasèrent le soir de feux électriques : l'on put se croire transporté dans un pays de féerie. Rue de la Paix, la plupart des maisons avaient arboré de gigantesques écussons du plus heureux effet qui voisinaient avec des corbeilles de roses & de camélias. Avenue de l'Opéra, des mâts ornés avaient été édifiés; des guirlandes tendues transversalement au-dessus de la chaussée portaient des couronnes pourpre & or auxquelles pendaient d'autres guirlandes

de fleurs roses & des médaillons encadrés de feuillages légers. La place
Vendôme était également jalonnée de corbeilles. A l'entrée un immense
arc de triomphe accompagné de deux rostres souhaitait la bienvenue
par une inscription au Roi George; du côté de la rue Saint-Honoré un
autre portique se dressait en l'honneur de la Reine Mary. La rue Royale
n'était pas moins joliment parée. Là on avait reconstitué comme par
enchantement l'ancienne porte Saint-Honoré à la place où elle
s'élevait jadis dans le faubourg. De là partait une double ligne de
mâts aux couleurs françaises & anglaises reliés entre eux par des guirlandes de fleurs & de feuillages lumineux. Face à la place de la Concorde, entre le Ministère de la Marine & le Garde-meubles se détachaient
suspendues dans l'espace les armes de la Grande-Bretagne avec les ini-
tiales de Leurs Majestés. Tel fut ce riant & printanier décor surgi en
quelques jours de la cité en fête.

La veille de la réception, les préparatifs étaient achevés à l'Hôtel de
Ville.

Rarement le Palais communal apparut plus majestueux.

La porte centrale du monument était encadrée d'une marquise jaune
d'or & de plantes vertes; la façade décorée de trophées de drapeaux
anglais & français. La salle des Prévôts, où avaient été disposés des
massifs de verdure, était traversée par un tapis jaune & rouge style
Renaissance qui, partant du péristyle de l'Hôtel de Ville, aboutissait à
la cour du Centre, dite cour Louis XIV. Là, le sol de marbre disparais-
sait sous un autre tapis — celui-ci de couleur verte — dont l'aspect
semblait celui d'une pelouse parsemée de fleurs.

Quant à la cour Louis XIV, où devaient être prononcés les discours
officiels, elle avait été transformée, comme nous l'avons dit, en un jardin d'hiver. En cet Éden, de magnifiques plantes, honneur des serres
de la Ville : palmiers, pandanus, crotons variés, au feuillage si orne-
mental & si gracieux, dracænas, caladiums du Brésil, — surnommés
les perles de la flore brésilienne — dont les feuilles ont un si riche
coloris, se mariaient aux roses, fleurs préférées de la Reine Mary, aux
cyclamens, primevères, bégonias gloire de Lorraine, pélargoniums,
rhododendrons, hortensias, cinéraires, œillets, azalées de l'Inde, lau-
riers, fusains du Japon, lilas, boules de neige. L'ensemble s'harmoni-
sait à merveille avec la décoration électrique.

Un velum en soie plissée blanc & or recouvrait ce jardin improvisé : une frise de dentelle de soie de même couleur en dessinait le pourtour. Du velum descendait un soleil électrique qui, par ses cinq cents lampes, projetait d'éclatantes lueurs. De hautes glaces masquaient les baies du rez-de-chaussée; des treillages, vert Trianon, y étaient fixés, le long desquels couraient des guirlandes de glycines & de lampes de couleur.

Dans les pans coupés des motifs ingénieusement combinés donnaient l'illusion de fontaines lumineuses.

Chacune de ces fontaines était composée d'une demi-gerbe en cinq ajutages dont un pour un jet central & quatre pour quatre jets circulaires : il semblait, à voir ce groupe de jets appliqué contre une glace, qu'il y eût une gerbe complète de neuf ajutages.

Chaque jet était constitué par une armature métallique en forme de tube garnie de toile transparente. Chaque tube contenait une suite ininterrompue d'ampoules électriques qui, au moyen d'un combinateur actionné par un moteur électrique, s'allumaient en une variété infinie d'allumages permettant de reproduire les mouvements des divers jets d'eau.

L'effet des gouttelettes était obtenu par des bouquets & des grappes de lampes perles de différentes formes & d'intensité variable, à bas voltage.

Pour compléter l'illusion de l'effet de l'eau tant le jour que la nuit les jets étaient revêtus de lianes de métal lamé argent disposées en stalactites.

Les jets d'eau s'échappaient d'un massif en rocaille placé au milieu d'un bassin qui lui-même était simulé par une glace argentée.

Au pied de l'œuvre d'Antonin Mercié, le « Gloria victis », avaient été disposés, à l'intention des Souverains, de M. le Président de la République et de Mme Poincaré, quatre fauteuils en bois sculpté & doré, de style Louis XIV, recouverts de tapisserie d'Aubusson aux armoiries de Paris.

Les fenêtres du premier étage, drapées de tentures vert pâle à crépines d'or, semblaient d'harmonieuses loggias : aux colonnes s'agrafaient des faisceaux de drapeaux anglais & français supportés par des écussons aux armes de la Ville.

La salle des Fêtes, la salle à manger étaient divisées dans le sens de

SA MAJESTÉ LA REINE MARY

(Cliché W. et D. Downey, Londres)

leur longueur par des barrières revêtues de peluche jaune d'or, laissant libre une allée centrale où devait passer le cortège officiel : de chaque côté, des enceintes étaient disposées pour les invités de la Municipalité. Les baies des salons étaient décorées de luxueux lambrequins, de rideaux de lampas ou de velours jaune d'or.

Des lettres officielles d'invitation, signées du Président du Conseil municipal de Paris & du Préfet de la Seine, sur papier aux armes de la Ville, furent adressées aux personnalités faisant partie de la suite de Leurs Majestés le Roi & la Reine & à celles attachées à Leurs personnes pendant leur séjour à Paris, ainsi qu'aux personnalités ci-dessous :

Ambassadeur extraordinaire & plénipotentiaire de Grande-Bretagne & d'Irlande; Conseiller & Secrétaires de l'Ambassade; Consul général; Présidents du Sénat & de la Chambre des Députés; anciens Présidents de la République; Ministres & Sous-Secrétaires d'État; Secrétaires généraux de la Présidence de la République; Chef & Sous-Chefs du Service du Protocole; Secrétaires généraux de la Préfecture de la Seine & de Police; Vice-Président du Conseil d'État; Premiers Présidents de la Cour de Cassation, de la Cour des Comptes & de la Cour d'Appel; Procureurs généraux près lesdites Cours; Président du Tribunal de première instance; Procureur de la République; Grand chancelier de la Légion d'honneur; Gouverneur militaire de Paris; Chef d'État-Major général de l'Armée; Chef d'État-Major général de la Marine; Chef d'État-Major du Gouverneur militaire de Paris; Général commandant la Place de Paris; Général commandant le département de la Seine; Secrétaire perpétuel de l'Académie française; Vice-Recteur de l'Académie de Paris; Gouverneur de la Banque de France; Gouverneur du Crédit foncier; Bâtonnier de l'Ordre des Avocats; Syndic des Agents de change; Directeur général des Douanes; Directeur général de la Caisse des Dépôts & Consignations; Président du Tribunal de Commerce; Président de la Chambre de Commerce de Paris; Président de la Chambre de Commerce britannique; Président de la Société de géographie; Président du Conseil d'administration de la Société du gaz de Paris.

Des cartes blanches furent envoyées aux :

Membres de la Maison militaire du Président de la République; Secrétaires généraux de la Présidence & de la Questure du Sénat & de la Chambre des Députés; Chefs de cabinet des Présidents des deux Assemblées, des Ministres & Sous-Secrétaires d'État; Sénateurs & Députés de la Seine; anciens Présidents & Syndic du Conseil municipal; anciens Préfets de la Seine & de Police; anciens Secrétaires généraux de la Préfecture de la Seine; Présidents de section au Conseil d'État; Président du Conseil de préfecture; Président du Comité consultatif de la Préfecture de la Seine; Colonels commandant la Légion de la Garde républicaine, le Régiment de Sapeurs-Pompiers, la Légion de Gendarmerie de la Seine; Présidents & Directeurs des Compagnies de chemins de fer, du Métropolitain & du Nord-Sud, des Omnibus, de Tramways, des Bateaux parisiens; Administrateur délégué de la Société du gaz de Paris; Présidents & Secrétaires généraux des Sociétés artistiques (Sociétés des Beaux-Arts & des Artistes français), hippique, sportives; Conservateurs des Musées municipaux; Conservateur des Promenades; Directeur du Musée de l'armée; Bureau de la Chambre de commerce britannique; Membres de la Presse accrédités à l'Hôtel de Ville; Membres de la Presse étrangère; Directeurs & Chefs de service; Inspecteurs généraux & Ingénieurs en chef de la Préfecture de la Seine.

En outre 2,800 cartes d'invitation — celles-ci de couleur bleue — donnant accès aux salons de réception que devait traverser le cortège officiel, furent réparties entre les Membres du Conseil municipal de Paris & du Conseil général de la Seine; les Préfets; les Secrétaires généraux des deux Préfectures; les Maires & Adjoints de Paris; les hauts fonctionnaires de l'Administration municipale; les Membres de la Colonie anglaise, désignés par Son Excellence M. l'Ambassadeur de Grande-Bretagne; de la Chambre de Commerce de Paris; de la Chambre de Commerce britannique; l'Institut; les Doyens des Facultés; les Directeurs de théâtres; les grandes Associations du Commerce & de l'Industrie; les grandes Sociétés sportives, artistiques, de crédit; les Compagnies de chemins de fer, de transport en commun; les Chambres des notaires, avoués, agréés, huissiers; les Présidents de section du Tribunal de Commerce; les Commandants des Bureaux de recrutement; la Presse accréditée à l'Hôtel de Ville & la Presse étrangère; les Secrétariats des deux Conseils.

Quelques jours avant la réception, le Président du Conseil municipal de Paris exprimait en ces termes au Directeur du journal *l'Entente Cor-*

SON ALTESSE ROYALE LE PRINCE DE GALLES

(Cliché W. et D. Downey, Londres)

diale, les sentiments qu'inspirait à la population parisienne la venue des Souverains :

«MONSIEUR LE DIRECTEUR,

«Bien que débordé d'occupations, je m'en voudrais de laisser votre aimable lettre sans réponse. Vous m'excuserez d'être bref. Voici long-temps déjà que l'Entente Cordiale a dépassé la sphère des combinaisons diplomatiques pour entrer dans celle des sentiments & des pensées. La visite prochaine de Leurs Majestés le Roi & la Reine d'Angleterre, accompagnées de Sir Edward Grey, ne pourra marquer qu'un progrès nouveau de l'amitié anglo-française. Je m'en réjouis de tout cœur. Poli-tiquement & économiquement, nos deux nations sont en étroite com-munauté d'intérêts; intellectuellement & moralement elles se complètent à merveille. Il me semble qu'elles n'ont qu'à gagner l'une & l'autre à une union de plus en plus intime.

«Ai-je besoin d'ajouter que le peuple de Paris, si sensible à tout ce qui est grâce & charme, sera particulièrement heureux de la présence de Sa Majesté la Reine dans notre Capitale?

«Veuillez agréer, Monsieur le Directeur, l'expression de mes senti-ments les plus distingués.

«CHASSAIGNE GOYON.

«Président du Conseil municipal de Paris.»

Leurs Majestés le Roi & la Reine de Grande-Bretagne & d'Irlande arrivèrent à Paris le 21 avril à 4 h. 35 de l'après-midi.

A la gare du Bois de Boulogne, où s'étaient rendus le Président de la République, les Présidents du Sénat & de la Chambre des Députés, les Ministres, les Préfets de la Seine & de Police, le Grand Chancelier de la Légion d'honneur, le Gouverneur militaire de Paris, les Représen-tants des Corps constitués, Elles furent saluées au nom de la Ville de Paris par M. Chassaigne Goyon, président, & les Membres du Bureau du Conseil municipal à qui s'étaient joints M. Maurice Quentin, pré-sident, & les Membres du Bureau du Conseil général. Le Président du Conseil municipal souhaita aux Souverains la bienvenue & Leur renouvela l'invitation de la Municipalité, Les assurant que la population serait heureuse de Les fêter au foyer de la cité.

L'entrée dans Paris fut triomphale. Avenue du Bois, avenue des Champs-Élysées, & jusqu'à l'arrivée au Ministère des Affaires étrangères où devaient résider Leurs Majestés, les acclamations ne cessèrent pas de monter de la foule vers les Souverains. La population, par son accuei. fait de courtoisie souriante & de joie enthousiaste, attesta quel prix elle attachait au maintien de l'Entente Cordiale de deux nations unies par un culte commun de la liberté & une même volonté de paix.

Au Ministère des Affaires étrangères, Sa Majesté la Reine trouva en arrivant une corbeille de lilas blancs, roses & mauves, nouée par un ruban bleu turquoise, que la Municipalité parisienne avait fait déposer à Son intention.

Leurs Majestés rendirent visite au Président de la République & à Mme Poincaré à l'Élysée, puis reçurent au Quai d'Orsay les Membres du Corps diplomatique.

Le soir, le Président de la République offrait un dîner en Leur honneur. Le Président du Conseil municipal de Paris, à qui Sa Majesté avait fait, dans l'après-midi, remettre à l'Hôtel de Ville par un chambellan, le grand cordon de l'Ordre de Victoria, le Président du Conseil général de la Seine y avaient été conviés.

Des toasts chaleureux furent échangés entre M. le Président de la République & Sa Majesté le Roi George V.

Le dîner fut suivi d'une soirée au cours de laquelle le Président du Conseil municipal eut l'honneur de s'entretenir avec Sa Majesté le Roi.

Le lendemain 22 avril, Leurs Majestés se rendirent dans la matinée à l'Ambassade d'Angleterre. En présence de Leurs Excellences Sir Edward Grey, secrétaire d'État pour les Affaires étrangères, & Sir Francis Bertie, ambassadeur extraordinaire & plénipotentiaire de Grande-Bretagne & d'Irlande, Elles reçurent les Représentants des Communautés britanniques de Paris & de ses environs : Chambre de Commerce, colonies de Chantilly & de Maisons-Laffitte, sujets mauriciens, Conseil d'administration de la caisse de charité & de l'association chrétienne de jeunes gens, qui Leur remirent des adresses exprimant dans une

M. CHASSAIGNE GOYON

PRÉSIDENT DU CONSEIL MUNICIPAL DE PARIS

(Cliché Henri Manuel)

M. CHASSAIGNE GOYON

PRÉSIDENT DU CONSEIL MUNICIPAL DE PARIS

(Cliché Paul Manuel)

forme touchante des sentiments de dévouement pour leurs personnes.
Sa Majesté le Roi, après avoir remercié, ajouta :

« Mon père aimait Paris, où il lui était donné de se sentir chez soi,
& où il pouvait compter sur un accueil chaleureux & sympathique.
Ne serait-ce qu'à cause de lui, j'avais la confiance que la même amitié
& la même courtoisie seraient en cette occasion témoignées à son fils.
La bienvenue enthousiaste que Paris nous a souhaitée nous a donné la
preuve que cette confiance était pleinement justifiée. »

L'après-midi, Leurs Majestés assistaient avec M. le Président de la
République à la revue de printemps des troupes de la garnison de
Paris. Sur tout le parcours que suivit le cortège officiel, de l'Ambassade
d'Angleterre au champ de courses de Vincennes, cadre de cette solennité, Elles furent acclamées par un peuple vibrant. La fête se déroula,
grandiose, émouvante, permettant aux Souverains d'admirer l'esprit de
discipline, l'excellente tenue militaire des troupes & de juger en même
temps, aux clameurs qui retentirent pendant tout le défilé, du culte
fervent dont était entourée notre armée. Dès qu'elle eut pris fin, le cortège se reforma. Leurs Majestés rentrèrent dans Paris — pour se rendre
à la réception de l'Hôtel de Ville — recueillant sur la route du retour
les mêmes ovations qu'à l'aller.

Dès 3 heures, la foule se portait sur la place de l'Hôtel-de-Ville.
Fidèle à des traditions séculaires, elle tenait à être présente sur cette
place, illustrée par tant de souvenirs & où se déroulèrent tous les grands
événements de la vie nationale, voulant, elle aussi, faire fête aux Souverains, leur adresser son salut.

Bientôt des milliers & des milliers d'hommes, de femmes, d'enfants
se pressent devant la maison commune. Sur les terre-pleins, des char-
rettes, des tréteaux, des échelles, sont installés. On loue des places
qui permettront de voir. Entre les terre-pleins & le Palais communal,
des gardes municipaux maintiennent la chaussée libre.

Peu à peu arrivent les personnages officiels. Ils franchissent la porte
centrale, gagnent la salle des Prévôts d'où ils sont dirigés sur la cour
Louis XIV.

A l'entrée, dans la salle des Prévôts, ils sont reçus par les Représentants de la Municipalité : MM. Chassaigne Goyon, président du
Conseil municipal; M. Delanney, préfet de la Seine; Hennion, préfet

de Police; Maurice Quentin, président du Conseil général; les Membres du Bureau du Conseil municipal; M. Aubanel, secrétaire général de la Préfecture de la Seine; Laurent, secrétaire général de la Préfecture de police.

Le Président du Conseil municipal porte sous l'habit le grand cordon de l'ordre de Victoria. Les deux préfets, qui ont revêtu l'uniforme brodé d'argent de leurs fonctions, sont décorés du même ordre. Les deux secrétaires généraux sont également en uniforme.

Successivement arrivent :

MM. Antonin Dubost, président du Sénat; Paul Deschanel, président de la Chambre des Députés; Doumergue, président du Conseil, ministre des Affaires étrangères; Bienvenu-Martin, ministre de la Justice; Noulens, ministre de la Guerre; Péret, ministre du Commerce; Lebrun, ministre des Colonies; Poirrier & Steeg, sénateurs de la Seine; l'Amiral Bienaimé & Georges Berry, députés de la Seine; Marguerie, vice-président du Conseil d'État; Baudouin, premier président de la Cour de Cassation; le Vice-Amiral Le Bris, chef d'état-major général de la Marine; le Général Michel, gouverneur militaire de Paris; le Général Rouvier, chef du cabinet du Ministre de la Guerre; le Général Ravenez, commandant le département de la Seine; de Moüy, président de section au Conseil d'État; Sarrut, procureur général près la Cour de Cassation; de Margerie, directeur des Affaires politiques, chef du cabinet du Ministre des Affaires étrangères; William Martin, ministre plénipotentiaire, chef du service du Protocole, & de Fouquières, chef adjoint du service; G. Grahame, Percy Loraine, secrétaires de l'ambassade de Grande-Bretagne et d'Irlande; Sir H. Austin-Lee, attaché commercial; MM. le Colonel l'honorable H. Yarde Buller, attaché militaire; le Capitaine Hodges, attaché naval; Thomas F. Powell, attaché honoraire; William Shaw Harris Gastrell, consul général d'Angleterre; Étienne Lamy, secrétaire perpétuel de l'Académie française; Mᵉ Henri-Robert, bâtonnier de l'Ordre des avocats; MM. Delatour, directeur général de la Caisse des dépôts & consignations; David Mennet, président de la Chambre de Commerce de Paris; Hanning, président de la Chambre de Commerce britannique; Lescouvé, procureur de la République; Rochet, syndic des agents de change; Adolphe Carnot, de l'Académie des sciences, président du Conseil d'administration de

ARRIVÉE À L'HÔTEL DE VILLE
DE LEURS MAJESTÉS LE ROI ET LA REINE
DE GRANDE-BRETAGNE ET D'IRLANDE

(Cliché Henri Manuel)

la Société du gaz de Paris; Bétolaud, président du Comité consultatif de la Préfecture de la Seine; le colonel Klein, commandant la Légion de la Garde républicaine; le colonel Cordier, commandant le Régiment des Sapeurs-Pompiers; le colonel Thiébault, commandant la Légion de Gendarmerie de la Seine; un grand nombre de hauts fonctionnaires des deux préfectures; les Membres de la Presse accrédités à l'Hôtel de Ville.

A 5 heures précises, des acclamations venant de la rue de Rivoli annoncent l'arrivée de Leurs Majestés.

MM. Chassaigné Goyon, président du Conseil municipal; Delanney, préfet de la Seine; Hennion, préfet de Police; Maurice Quentin, président du Conseil général; les Membres du Bureau du Conseil municipal; MM. Aubanel, secrétaire général de la Préfecture de la Seine; Laurent, secrétaire général de la Préfecture de Police, descendent le perron de la porte centrale pour saluer les souverains.

Les tambours & les clairons de la Garde républicaine placés dans le parvis, côté Rivoli, battent & sonnent aux champs. La foule pousse de chaleureux vivats quand les voitures officielles, qu'encadre une escorte de cuirassiers, apparaissent, débouchant à une vive allure. Précédée du piqueur de l'Élysée, la première voiture attelée à la daumont s'arrête devant le perron. Une immense ovation monte dans l'air. Les cris de «Vive le Roi!» «Vive l'Angleterre!» jaillissent de toutes les poitrines.

Le Président du Conseil municipal, le Préfet de la Seine s'avancent. Le Roi, qui porte l'uniforme de feld-maréchal de l'armée britannique, descend de la calèche, ainsi que M. Raymond Poincaré. Sa Majesté serre la main des Représentants de Paris qui s'inclinent & répond avec affabilité aux souhaits de bienvenue qui Lui sont exprimés. Pendant ce temps, la Reine & Mme Poincaré, qui se trouvent dans le second landau, en descendent, puis les personnages qui occupent les autres voitures.

Le cortège se forme, précédé de deux huissiers du Conseil municipal, & gravit les marches qui donnent accès à l'Hôtel de Ville.

M. le Président de la République donne le bras à Sa Majesté la Reine; Sa Majesté le Roi à Mme Poincaré.

M. Chassaigne Goyon, président du Conseil municipal, se tient à la gauche de la Reine; M. M. Delanney, préfet de la Seine, à la droite du Président de la République; M. Le Corbeiller, vice-président du

Conseil municipal, à la droite du Roi; M. Miniot, vice-président du Conseil municipal, à la gauche de Mme Poincaré.

Le cortège officiel est précédé de MM. William Martin & de Fouquières, chef & chef adjoint du service du Protocole; Gay, syndic du Conseil municipal; Falcou, directeur des Beaux-Arts & des Musées, commissaire général des fêtes, & suivi des Présidents du Sénat, de la Chambre des Députés; des Membres du Gouvernement; de Son Excellence Sir Edward Grey, secrétaire d'État pour les Affaires étrangères; de la Duchesse de Devonshire, grande maîtresse de la Cour; de Lady Desborough, dame du Palais; du Comte Shaftesbury, grand chambellan de la Reine; de Lord Stamfordham, secrétaire privé; de Lord Annaly; du Colonel W. Lambton, aide de camp du Roi; du Lieutenant-Colonel Sir Frédérick Ponsonby; de Sir James Reid; de Sir William Tyrrell; du Major Lord Charles Mercer Nairne, écuyer de service; de MM. Paul Cambon, ambassadeur de France à Londres; le Général Beaudemoulin, secrétaire général de la Présidence de la République; le Vice-Amiral de Jonquières, membre du Conseil supérieur de la Marine; le Général de brigade Léorat, commandant la 13e brigade de dragons; le Capitaine de vaisseau Le Gouz de Saint-Senne, attaché naval à l'ambassade de France à Londres; le Colonel Aldebert, attaché à la personne de M. le Président de la République; le Lieutenant-Colonel de la Panouse, attaché militaire à l'ambassade de France à Londres, qui ont été par le Gouvernement de la République attachés à Leurs Majestés; Henri Cambon, secrétaire d'ambassade, attaché à Son Excellence le Secrétaire d'État pour les Affaires étrangères.

Les Souverains traversent la salle des Prévôts au milieu de la haie que forment les cavaliers de la Garde républicaine, tandis que retentissent l'Hymne national anglais, le *God save the King,* & la *Marseillaise,* joués par la musique du 102e de ligne.

Dans la cour Louis XIV, Ils reçoivent les hommages des Membres du Conseil municipal de Paris qui se sont groupés, formant cercle, autour du « Gloria victis », & de toutes les personnalités présentes.

Le Roi & la Reine, le Président de la République & Mme Poincaré s'arrêtent au pied de la statue. En face d'eux se tiennent M. Chassaigne Goyon, président du Conseil municipal; M. M. Delanney, préfet de la Seine; M. Hennion, préfet de Police.

LEURS MAJESTÉS LE ROI ET LA REINE

DE GRANDE-BRETAGNE ET D'IRLANDE

PÉNÉTRANT DANS L'HÔTEL DE VILLE

Dans un profond silence, M. Chassaigne Goyon, s'adressant aux Souverains, prononce le discours suivant :

Sire,

J'ai l'honneur de présenter le Conseil municipal de Paris à Votre Majesté & à Sa Majesté la Reine. Je suis heureux de Leur offrir, en présence de M. le Président de la République, les souhaits respectueux de bienvenue de notre grande Cité & les vœux qu'elle forme pour Leur bonheur, la grandeur & la prospérité du glorieux Royaume-Uni.

Le peuple de Paris, dont l'âme est si sensible & si vibrante, n'a eu garde d'oublier les nombreuses & inestimables preuves de sympathie qu'il a reçues, depuis plus d'un demi-siècle, de Votre Auguste Famille. Nos anciens nous rappellent souvent avec émotion le voyage triomphal de votre grande aïeule la Reine Victoria & de son royal époux en 1855 à Paris; & il me semble entendre encore, il y a un peu plus de dix ans, l'illustre & bien-aimé père de Votre Majesté, le meilleur ami de la France, le plus accompli des Parisiens, nous exprimer ici même, avec sa voix prenante, ses sentiments d'affection pour notre capitale par ces mots si charmants dans leur brève simplicité : «C'est avec le plus grand plaisir que je reviens à Paris où je me trouve toujours comme si j'étais chez moi!»

Tout récemment encore, Vos Majestés nous donnaient un nouveau & précieux témoignage de Leurs sentiments à notre égard en autorisant Son Altesse Royale le Prince de Galles, qui a séduit tous ceux qui l'approchèrent par sa haute & vive intelligence, sa grâce juvénile & si personnelle, à vivre pendant plusieurs mois au milieu de nous, de notre vie.

Ces souvenirs doublent pour nous le prix du grand honneur que nous font aujourd'hui Vos Majestés. Nous enregistrons Leur visite comme une date inoubliable, que nous rend encore plus chère la présence de Sa Majesté la Reine.

Lors de cette féerique soirée du palais de Buckingham, où nous trouvâmes, l'été dernier, auprès de Vos Majestés, un accueil dont l'exquise bienveillance est à jamais gravée dans nos cœurs, vous aviez daigné, Madame, nous faire entrevoir l'espérance qui devient pour nous, aujourd'hui, une réalité. Je renonce à trouver les expressions qui conviendraient pour traduire notre profonde gratitude.

Que n'avais-je tout à l'heure, comme jadis Raleigh, au moment où Votre Majesté a franchi le seuil de notre Hôtel de Ville, qu'Elle pare de son charme, illumine de son sourire, un beau manteau de cour à jeter à ses pieds pour Lui rendre le chemin plus doux & plus facile?

C'était au temps lointain des prémices de l'Entente Cordiale de nos deux grands peuples, parfois troublée au cours des trois derniers siècles par des différends heureusement aplanis pour toujours. Notre Ronsard, l'un de ses précurseurs, dédiait à la grande Reine Élisabeth ces vers adressés à l'Angleterre & à la France :

> Quand vous serez ensemble bien unies,
> L'amour, la foi, deux belles compagnies,
> Viennent ci-bas le cœur vous réchauffer,
> Puis sans harnois, sans armes & sans fer
> Et sans le dos d'un corselet vous ceindre,
> Ferez vos noms par toute Europe craindre.

Les nations sont obligées de se faire craindre, mais il appartient aux Chefs d'États de se faire surtout aimer. A ce point de vue, Dieu merci, nos deux grands pays n'ont rien à envier à aucun autre.

Vos Majestés sont entourées de l'affection, du respect, de

LA COUPE OFFERTE PAR LA VILLE DE PARIS

À SA MAJESTÉ LE ROI GEORGE V

la vénération de Leurs peuples & la population parisienne, fidèle interprète de la pensée de la France, Leur prouve, par ses acclamations, quelle joie ce serait pour elle si Vos Majestés pouvaient Se dire en quittant notre Capitale, comme le grand Roi à qui la paix du monde a dû tant d'inappréciables services : «Nous reviendrons avec plaisir à Paris, où nous nous sommes trouvés comme chez nous».

M. M. DELANNEY, préfet de la Seine, s'exprime ensuite en ces termes :

SIRE,

Votre Majesté entend monter vers Elle les mêmes acclamations qui, naguère, accueillaient, en votre auguste Père, le grand Monarque ami de la France.

Paris salue aujourd'hui avec enthousiasme le Roi George V, le «Prince» digne de ce nom qui, suivant une parole célèbre, «croirait manquer lui-même de quelque chose si quelque chose manquait à l'État», & qui, duc d'York, amiral dans la flotte britannique, incarnait déjà les destinées d'une puissante nation dont il sera toujours vrai de dire que «la mer est la gloire de l'Angleterre».

A ces respectueuses & chaudes ovations, Paris associe votre peuple, Sire, qui offre au monde l'exemple & l'enseignement de vertus séculaires issues d'une alliance féconde entre le culte de la tradition & la recherche du progrès; ce noble peuple anglais dont le cœur battit à l'unisson du nôtre pour tant d'idées généreuses, & dont ce sera l'éternel honneur d'avoir — tel le superbe Buckingham jetant des perles à ses admiratrices — conquis une partie de la Terre à son propre idéal de dignité humaine en même temps qu'aux bienfaits de la civilisation.

MADAME,

Notre capitale est profondément reconnaissante à Votre Majesté d'avoir daigné apporter à ces fêtes l'inestimable parure de sa Gracieuse présence.

Nous déposons aux pieds de Leurs Majestés le Roi George V & la Reine Mary l'hommage des vœux ardents que nous formons pour Elles, pour Sa Majesté la Reine Mère, pour Son Altesse Royale le Prince de Galles, & pour le bonheur de Leur auguste famille, inséparable de la grandeur & de la prospérité de Leur Royaume.

Le Roi prononce ce discours :

MESSIEURS,

Il m'est difficile d'exprimer tout le plaisir que je ressens & toute ma reconnaissance pour la brillante réception que la Ville de Paris a bien voulu accorder à la Reine & à moi, & pour les paroles si touchantes & si éloquentes avec lesquelles, vous, Monsieur le Préfet, & vous, Monsieur le Président du Conseil municipal, vous nous avez accueillis au sein de votre capitale.

La Reine & moi en sommes très touchés.

Je désire vous exprimer notre admiration du goût artistique & si délicat des décors dont s'est parée cette belle ville, à l'occasion de notre visite. Je suis heureux de me trouver dans une cité pour laquelle mon père bien-aimé a toujours eu une prédilection toute particulière, & je peux vous assurer que je partage entièrement les sentiments d'affection dont il a été toujours animé pour votre ville & votre pays.

Je tiens surtout à vous remercier sincèrement des termes

LE MIROIR OFFERT PAR LA VILLE DE PARIS

À SA MAJESTÉ LA REINE MARY

LE MIROIR OFFERT PAR LA VILLE DE PARIS

À SA MAJESTÉ LA REINE MARY

aimables par lesquels vous rappelez le séjour ici de mon fils, le Prince de Galles, qui a gardé un souvenir bien précieux du temps qu'il a passé parmi vous.

Je vous prie, Messieurs, de recevoir les vœux que la Reine & moi formons pour la prospérité de votre pays & de votre capitale.

Je vous demande aussi, Messieurs, d'être mes interprètes auprès de vos concitoyens qui ont pris une part si aimable & si chaleureuse à la généreuse hospitalité qui nous est offerte.

Les discours prononcés, tandis que la musique du 102ᵉ de ligne, placée dans la salle des Prévôts, joue la *Marseillaise,* le cortège se forme comme à l'arrivée : M. le Président de la République donne le bras à Sa Majesté la Reine; — M. Chassaigne Goyon, président du Conseil municipal, se tient à la gauche de la Reine; M. M. Delanney, préfet de la Seine, à la droite du Président de la République. Sa Majesté le Roi donne le bras à Mᵐᵉ Poincaré; — à leurs côtés se tiennent MM. Le Corbeiller & Miniot, vice-présidents du Conseil municipal. Derrière les Souverains prennent place les personnalités officielles : les Présidents du Sénat & de la Chambre des Députés, les Ministres, Son Excellence Sir Edward Grey, secrétaire d'État pour les Affaires étrangères; les personnages attachés à la suite des Souverains; le général Beaudemoulin, secrétaire général de la Présidence de la République, les Sénateurs & Députés de la Seine; les représentants des Corps constitués; les Membres du Conseil municipal de Paris & du Conseil général de la Seine; les hauts Fonctionnaires de la Ville de Paris; les Membres de la Presse accrédités à l'Hôtel de Ville.

Précédé de MM. William Martin & de Fouquières, chef & chef adjoint du service du protocole, Gay, syndic du Conseil municipal, Falcou, directeur des Beaux-Arts & des Musées, commissaire général des fêtes, le cortège traverse le salon Willette, gravit lentement l'escalier d'honneur côté Nord, sur les marches duquel les gardes municipaux en grande tenue, gants à crispin & culottes blanches, se tiennent immobiles sabre au clair. A ce moment retentissent en éclatantes fanfares les appels des trompettes de la Garde placés dans le salon des Cariatides. La musique & les chants se succéderont dès lors sans interruption.

Le cortège se dirige vers la grande salle des Fêtes. Les chœurs du théâtre national de l'Opéra-Comique, également placés dans le salon des Cariatides, chantent l'hymne anglais, puis la *Marseillaise,* tandis que les invités de la Municipalité se lèvent, acclamant les Souverains.

Leurs Majestés, le Président de la République, les personnages officiels gagnent la salle à manger : la musique de la Garde républicaine, installée à l'extrémité de la galerie Galand, joue le ballet d'*Henri VIII*. Après le passage des Souverains, les chœurs de l'Opéra-Comique font entendre le programme suivant qu'élabora M. Paul Vidal : *Dansez les petites filles* (Saint-Saëns), *Madrigal* (G. Fauré), *Pavane* de *Patrie* (Paladilhe), *la Nuit* (Charpentier), *Philémon & Baucis* (Gounod).

Le cortège traverse le salon Jean-Paul-Laurens, le salon des Arcades où, dans une enceinte réservée, se tiennent les femmes des Conseillers municipaux. Sur tout le parcours, le Roi & la Reine de Grande-Bretagne & d'Irlande sont l'objet de nouvelles ovations.

M. Chassaigne Goyon conduit le Roi & la Reine à l'extrémité de la salle, devant la table où sont déposés dans des écrins les cadeaux que Leur offre la Ville de Paris.

Au Roi est destinée une coupe en vermeil, reposant sur une base à l'écusson de la Ville, supportée par trois pieds où s'enlacent le laurier & le chêne de France sertissant une pierre précieuse. Le haut de la coupe est décoré de chardons encadrant les armes royales ; la tige entourée, en symbole d'amitié, d'une bague de violettes, fleurs préférées du Roi. Cette œuvre d'art, sobrement traitée, a été modelée par le sculpteur E. Becker, titulaire d'une première médaille au Salon, & exécutée en repoussé & ciselé dans les ateliers de l'orfèvre-joaillier G. Roger-Sandoz.

A la Reine Mary est offert un miroir en verre patiné exécuté par M. René Lalique. Le cadre, de forme ronde, surmonté d'un frontispice, est orné d'une couronne royale composée de petites roses de mai[1].

---

[1] Ce motif de décoration a été choisi avec intention par l'artiste, «May» étant un des gracieux diminutifs de «Mary».

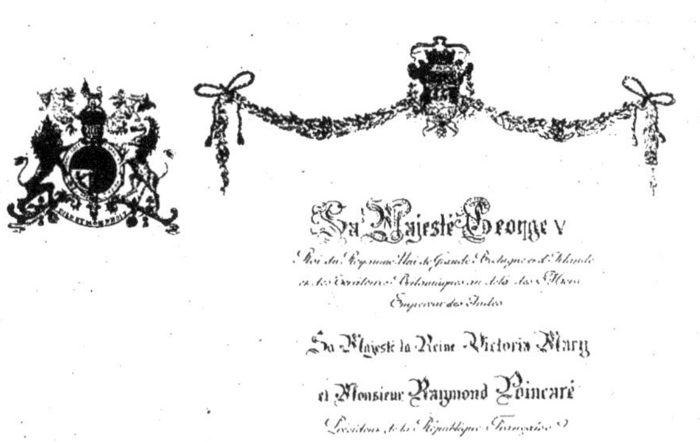

Des branches de roses formant la lettre M enlacent la couronne; très fleuries & très fouillées dans le haut de l'ornementation, elles descendent en formant le prolongement des jambages de la lettre M, peu à peu deviennent plus bas relief & se perdent finalement au bas du miroir dans les formes générales du cadre.

Les Souverains admirent les dons qui leur sont faits & remercient le Président du Conseil municipal.

Puis, avec M. le Président de la République, Ils signent sur le Livre d'or de la Ville de Paris le procès-verbal de Leur visite, lequel est ainsi libellé :

> «Sa Majesté George V, Roi du Royaume-Uni de Grande-Bretagne & d'Irlande & des territoires britanniques au delà des mers, Empereur des Indes,
>
> «Sa Majesté la Reine Victoria Mary, &
>
> «Monsieur Raymond Poincaré, Président de la République Française,

se sont rendus, le mercredi 22 avril 1914, à 5 heures, à l'Hôtel de Ville de Paris.

«Leurs Majestés & Monsieur le Président de la République ont été reçus par M. Chassaigne Goyon, président du Conseil municipal, M. Marcel Delanney, préfet de la Seine, M. Hennion, préfet de Police, le Bureau & les Membres du Conseil municipal.

«Ils ont signé le présent procès-verbal.

«Paris, le 22 avril 1914.»

Ensuite, devant le buffet — orné de piquets de roses & de trois corbeilles de lilas aux différents tons — qui est aménagé dans le salon des Arcades, le Roi prend la coupe en vermeil que Lui remet le Président du Conseil municipal & prononce les paroles suivantes :

Je lève cette coupe à M. le Président du Conseil Municipal & à la Ville de Paris.

M. le Président Chassaigne Goyon porte ce toast :

Sire,

Au nom du Conseil municipal de Paris, je lève respectueusement cette coupe, pleine du plus joyeux de nos vins français, — joyeux comme le sont nos cœurs aujourd'hui, — en l'honneur de Votre Majesté, de Sa Majesté l'Impératrice-Reine, de Sa Majesté la Reine Alexandra, de Son Altesse Royale le Prince de Galles & de toute la Famille royale ;

Je bois à la prospérité de la Grande Amie de la France, la glorieuse Nation anglaise.

A ce moment, le Président du Conseil municipal offre, au nom de la ville de Paris, à Sa Majesté la Reine, une gerbe de roses Abel Chatenay & d'orchidées Alexandrea nouée par un ruban de satin rose corail ; à Mme Poincaré, une gerbe de roses Liberty & d'orchidées Cattleyas liée par un ruban de satin mauve.

Le cortège quitte le salon des Arcades, gagne la galerie Galand, descend le grand escalier d'honneur côté Sud & traverse le jardin d'hiver.

Dans la salle des Prévôts, la musique du 102e de ligne se fait de nouveau entendre.

Leurs Majestés le Roi & la Reine de Grande-Bretagne & d'Irlande, M. le Président de la République & Mme Poincaré sont, avec le même cérémonial qu'à leur arrivée, reconduits jusqu'au parvis. Au moment où Ils prennent place dans leurs voitures, de nouvelles acclamations retentissent, poussées par la foule qui n'a pas cessé de stationner sur la place de l'Hôtel-de-Ville.

Le soir, le Président du Conseil municipal de Paris & le Président du Conseil général de la Seine avaient été aimablement invités au dîner offert à l'Ambassade d'Angleterre par Leurs Majestés en l'honneur de M. le Président de la République.

LEURS MAJESTÉS LE ROI ET LA REINE
DE GRANDE-BRETAGNE ET D'IRLANDE
QUITTANT L'HÔTEL DE VILLE

A l'issue du dîner, ils se rendaient à l'Opéra où ils retrouvaient leurs collègues du Bureau qui, comme eux, avaient été conviés à la représentation de gala.

Le lendemain [1], ils assistaient à Auteuil, dans la tribune de M. le Président de la République où avaient pris place Leurs Majestés, aux courses; le soir au dîner offert au quai d'Orsay par M. Doumergue, président du Conseil, ministre des Affaires étrangères. Ce dîner, auquel s'étaient rendues Leurs Majestés, fut suivi d'une soirée pour laquelle les Membres des Bureaux des deux Assemblées avaient reçu des invitations.

Le 24 avril, à 10 heures du matin, le Roi & la Reine de Grande-Bretagne & d'Irlande quittèrent la Capitale.

Avant leur départ, Ils voulurent bien faire remettre à M. le Préfet de la Seine une somme de 10,000 francs à l'intention des pauvres de Paris.

Le Président du Conseil municipal se rendit à la gare des Invalides où il salua, au nom de la Ville de Paris, Leurs Majestés.

Leurs Majestés renouvelèrent à M. Chassaigne Goyon, en termes particulièrement bienveillants, leurs chaleureux remerciements pour l'accueil qui Leur fut réservé. Sa Majesté le Roi s'exprima en ces termes : «Je vous prie de remercier les habitants de Paris de la réception charmante qui nous a été faite à la Reine & à moi. »

[1] Dans la matinée, Leurs Majestés visitèrent l'hôpital fondé à Levallois-Perret par Richard Wallace, en mémoire du marquis de Hertford, qui fut inauguré naguère par le Roi Édouard VII & la Reine Alexandra, alors Prince & Princesse de Galles. Elles se rendirent ensuite au Pavillon de Marsan, à l'Exposition des Arts décoratifs de Grande-Bretagne & d'Irlande, & déjeunèrent chez le Marquis de Breteuil.

ANNEXE.

FÊTE DONNÉE EN L'HONNEUR DE SA MAJESTÉ BRITANNIQUE LA REINE VICTORIA.

Lorsque S. M. la Reine d'Angleterre & d'Irlande accepta l'invitation qui lui fut faite à Londres, en avril 1855, par LL. MM. l'Empereur Napoléon III & l'Impératrice Eugénie, de venir visiter Paris & l'Exposition universelle, la Reine daigna faire espérer au Préfet de la Seine & aux Membres du Corps municipal de Paris députés à la même époque vers la Corporation de la Cité de Londres, qui avaient eu l'honneur d'être admis à une réception dans le Palais de Saint-James, que Sa Majesté voudrait bien accepter, pendant son séjour en France, une fête à l'Hôtel de Ville.

La Reine arriva à Paris le 18 août, accompagnée de S. A. R. le Prince Albert & de LL. AA. RR. le Prince de Galles & la Princesse Royale.

Le 22, une députation du Corps municipal se rendit, avec l'autorisation de l'Empereur, au Palais des Tuileries, où se trouvait la Reine, pour réclamer de Sa Très Gracieuse Majesté la faveur de sa présence à la fête préparée en son honneur à l'Hôtel de Ville. Cette députation se composait de M. le Baron Haussmann (accompagné par M. Ch. Merruau, secrétaire général de la Préfecture), de M. Delangle, sénateur, premier président de la Cour Impériale de Paris, président du Conseil municipal; de MM. Dumas, sénateur, membre de l'Institut de France, & Périer, doyen des juges de paix de Paris, vice-présidents; de M. Germain-Thibaut, député au Corps législatif, vice-président de la Chambre de Commerce de Paris, secrétaire du Conseil municipal, & de MM. Ernest Moreau & Tronchon, vice-secrétaires; enfin, de MM. Frottin, Decan, Monnin-Japy, député au Corps législatif, Arnaud-Jéanti, Perret, député au Corps législatif, & Le Roy de Saint-Arnaud, conseiller d'État, maires des 1er, 3e, 6e, 7e, 8e & 12e arrondissements de Paris.

Le Préfet de la Seine eut l'honneur de présenter à la Reine l'adresse suivante :

« MADAME,

« Nous venons, au nom du Corps municipal de Paris, apporter l'expression de son plus profond respect & de ses plus vives sympathies à Votre Majesté, comme à l'auguste Alliée de notre Empereur, comme à la glorieuse Souveraine d'une grande Nation amie de la France.

«Les drapeaux anglais mêlés aux nôtres dans d'innombrables trophées; les flots pressés d'une immense population accourue de toutes parts; les cris enthousiastes de plus d'un million de voix, saluant la bienvenue de Votre Majesté, de son royal Époux & de ses augustes Enfants, lui ont appris, dès le premier jour, les sentiments & les vœux de la Ville de Paris.

«Le voyage de Votre Majesté n'est pas seulement pour nos concitoyens l'occasion de répondre, avec une loyale émulation, à l'accueil si cordial & si chaleureux fait en Angleterre à notre Empereur & à notre Impératrice bien-aimés; c'est un acte solennel qui nous permet de faire éclater, à notre tour, aux yeux de l'Univers, la sincère & efficace union des deux peuples.

«Quand leurs soldats de terre & de mer partagent les mêmes périls & poursuivent la même gloire, les preuves d'affection & de dévouement que leurs Souverains reçoivent en commun, à Paris aussi bien qu'à Londres, montrent assez qu'Anglais & Français n'ont désormais qu'une même volonté, qu'un même cœur, & que l'alliance de leurs forces promet des garanties durables au maintien de l'équilibre du Monde.

«Un tel spectacle doit laisser d'impérissables souvenirs. Permettez, Madame, que les organes de la Ville se félicitent devant Votre Majesté d'en être les témoins.

«Lorsque plusieurs d'entre nous ont eu l'insigne honneur de lui être présentés une première fois, à Saint-James Palace, Votre Majesté, en prévision du voyage qu'Elle vient d'effectuer si heureusement, daigna nous laisser entrevoir la faveur d'une visite à l'Hôtel de Ville de Paris. Nous prions Votre Majesté & son Royal Époux d'accepter la fête que nous avons préparée dans cet espoir. Ce sera un précieux gage de bienveillance & de satisfaction que les annales de la Ville enregistreront pour le transmettre à la postérité la plus lointaine.

«Mais nous avons encore à solliciter une grâce :

«En parcourant l'ancien Paris, Votre Majesté a inauguré la voie nouvelle qui deviendra bientôt l'accès principal de l'Hôtel de Ville. Nous cherchions un nom glorieux pour cette avenue : que Votre Majesté veuille bien nous permettre de lui donner le sien.

«Paris ne saurait, en effet, marquer de trop de manières les jours sans précédents où la Providence a permis que la puissante Reine de Grande-Bretagne & d'Irlande vînt elle-même cimenter l'éternelle concorde de l'Angleterre & de la France, & consacrer, en même temps que la paix de l'Occident, la sécurité du monde civilisé. »

Sa Majesté, après avoir gracieusement accepté l'invitation de la Ville de Paris, a daigné accorder à la Ville, sous la réserve de l'approbation de l'Empereur [1], l'autorisation de donner à l'avenue ouverte en face de l'Hôtel de Ville le nom de Victoria.

Le jeudi, 23 août, à 10 heures du soir, la Reine est venue, accompagnée de l'Empereur & de S. A. R. le Prince Albert. S. M. l'Impératrice, pour qui l'on avait

---

[1] Un décret impérial du 3 octobre 1855 a consacré cette approbation.

craint la fatigue inévitable d'une grande fête, était restée au Palais de Saint-Cloud.

Sur tout le parcours des Tuileries à l'Hôtel de Ville, une foule immense, avide de contempler Leurs Majestés, stationnait sur leur passage & faisait entendre les cris mille fois répétés de : *Vive la Reine! Vive l'Empereur!*

La rue de Rivoli était pavoisée & illuminée dans toute sa longueur; la place de l'Hôtel-de-Ville entourée de mâts vénitiens, surmontés de banderoles flottantes & d'obélisques en verres de couleur; la façade du Palais municipal décorée de trophées, d'écussons, de drapeaux, & les lignes principales de l'architecture accusées par des cordons de lumière.

En avant de l'entrée d'honneur, dite porte Henri IV, on avait construit une vaste tente précédée d'une marquise sous laquelle Leurs Majestés & son Altesse Royale ont été reçues, en descendant de voiture, par M. le Préfet de la Seine & Mme la Baronne Haussmann, par M. le Préfet de Police, par M. le Président du Conseil municipal, & par MM. les Secrétaires généraux des deux Préfectures. Le perron de l'Hôtel de Ville & les degrés qui le continuent à l'intérieur étaient bordés de jardinières & les parois garnies de treillages d'or chargés de feuillages & de fleurs.

Le premier vestibule, où sont placées les statues en bronze de François Ier & de Louis XIV, était décoré de drapeaux aux couleurs des nations alliées. Dans les fonds étaient cachés, par des masses de verdure, deux orchestres qui ont fait entendre, à l'entrée de Leurs Majestés, l'air national anglais : *God save the Queen!* suivi de l'air français : *Vive l'Empereur!*

La cour centrale, couverte & restaurée nouvellement, formait un second vestibule de toute la hauteur du monument. Le Corps municipal s'y trouvait en grand uniforme. A droite, étaient MM. les Membres du Conseil de Préfecture & MM. les Membres du Conseil municipal, leurs Vice-Présidents en tête; à gauche, MM. les Maires de Paris & leurs Adjoints. Derrière les uns & les autres les Chefs des services administratifs & les Officiers de la Ville.

Afin de réserver à la Reine, pour monter aux salons d'honneur, un passage où nul n'eût posé le pied avant Sa Majesté, on avait élevé, au fond de cette cour, un large escalier à double volée, rappelant par le dessin & le style l'escalier de Fontainebleau, & comme suspendu au-dessus d'une nymphée, au milieu de laquelle apparaissaient les deux statues unies de l'Angleterre & de la France. Deux autres statues, à demi couchées, représentaient la Tamise & la Seine, versant des nappes limpides dans des bassins étagés garnis de plantes aquatiques & peuplés de tritons, de petits génies, qui se jouaient à fleur d'eau. Au pied de l'escalier étaient des statues en bronze formant candélabres. Le long des degrés, au bas de chaque rampe, courait un cordon de fleurs.

Devant chaque colonne du péristyle s'arrondissaient des corbeilles de fleurs surmontées de vasques jaillissantes. Sous les galeries, des treillages d'or, que tapissaient des plantes grimpantes, couvraient les parois. Toutes les fenêtres du premier étage, tendues de draperies rouge & or, étaient garnies de tapis de velours cramoisi à franges d'or, brodés des monogrammes entrelacés des noms :

VICTORIA-ALBERT. NAPOLÉON-EUGÉNIE.

Dans chaque arcade du rez-de-chaussée était suspendu un lustre; dans les intervalles des fenêtres du premier étage, des statues d'enfants supportaient des cornes d'abondance d'où s'échappaient des candélabres. L'ensemble de ces dispositions composait un triple rang de groupes de lumières alternés. Au-dessus, dans le chéneau du toit en plomb doré qui surmonte l'édifice, courait une galerie de fleurs entremêlées de gerbes de lumière. Des bras de bougies garnissaient les mansardes, qui étaient fermées par des stores décorés d'arabesques. Un velarium pourpre, en forme de dais parsemé d'étoiles d'or fleuronnées & bordé d'un riche lambrequin, cachait la voûte de cristal qui couvre la cour. Aux quatre coins flottaient les bannières d'Angleterre & de France. Du centre, fenestré à jour & orné d'écussons, descendait un lustre de 350 bougies.

Des deux côtés de chaque arcade du péristyle, des gardes de Paris, en grande tenue, présentaient leurs armes. Deux suisses se tenaient au pied de l'escalier. En haut stationnaient des cent-gardes.

L'escalier conduisait immédiatement à la salle des délibérations du Conseil municipal, transformée en salon réservé pour Leurs Majestés & leur suite. Au-dessus de la porte, tendue de velours cramoisi semé de roses, de chardons & d'abeilles d'or, & au milieu d'un large trophée, brillait, sur le double écusson d'Angleterre & de France, l'aigle unie au léopard.

Dans ce salon où l'on voyait, entourés de drapeaux & de fleurs, les bustes de S. M. la Reine & de S. A. R. le Prince Albert, se tenaient les femmes des Membres du Corps municipal, portant, comme signe distinctif, une épaulette aux couleurs de la Ville, rehaussée d'or.

Dans le grand salon d'honneur, dit Salle des Cariatides, attendaient LL. AA. II. le Prince Napoléon & la Princesse Mathilde; S. A. R. le Prince Adalbert de Bavière, qui avait bien voulu agréer l'invitation d'assister à la fête, & LL. EE. Lord Cowley, ambassadeur d'Angleterre, & Lady Cowley.

Après s'être arrêtés quelques instants dans le salon d'honneur d'où la vue s'étendait, à droite & à gauche, par deux immenses baies ornées de jardinières & de fontaines, sur les grands escaliers des fêtes, sur les salons des Prévôts & des Échevins, & sur les pièces suivantes dans toute la longueur de l'édifice, Leurs Majestés & Leurs Altesses Impériales & Royales sont entrées dans la grande galerie des Fêtes par la porte du milieu, en face de laquelle avait été préparée une estrade tapissée de satin blanc brodé de roses, de chardons & d'abeilles, & surmontée d'une couronne d'où s'échappaient des draperies en velours rouge à crépines d'or. Deux trônes occupaient le centre de l'estrade. Quatre fauteuils avaient été placés à droite & à gauche pour les Princes & la Princesse : derrière étaient des chaises pour les dames de service auprès de S. M. la Reine & de S. A. I. la Princesse Mathilde A droite de l'estrade, des places étaient réservées pour l'Ambassadrice d'Angleterre & pour les femmes des Ministres des autres nations; à gauche, pour les Princesses de la famille de l'Empereur & pour les femmes des Ministres & des Grands Dignitaires de l'État.

L'orchestre a joué l'air : *God save the Queen!* & l'air : *Vive l'Empereur!*

L'Empereur a ouvert le bal avec S. M. la Reine d'Angleterre; S. A. R. le Prince Albert avec S. A. I. la Princesse Mathilde; S. A. I. le Prince Napoléon avec Lady Cowley, & S. A. R. le Prince-Adalbert de Bavière avec Mme la Baronne Haussmann.

La haie était formée des deux côtés du quadrille par les Membres du Conseil municipal avec leurs femmes; au fond se tenaient les Grands Officiers de la Couronne & les Officiers de service auprès de Leurs Majestés & de Leurs Altesses Impériales & Royales.

Après le quadrille, Leurs Majestés ont parcouru les salons de l'Hôtel de Ville & recueilli sur leur passage les témoignages du plus sincère enthousiasme & du plus profond respect.

Les salons avaient été décorés pour la circonstance. Les cheminées, les embrasures, supportaient des statues ou des groupes entourés de massifs de verdure & de fleurs d'où l'eau jaillissait sous toutes les formes.

Leurs Majestés & Leurs Altesses Impériales & Royales ont suivi la partie gauche de la grande galerie, &, après avoir examiné le salon des Arts & le salon de l'Empereur, Elles ont pénétré dans les petits appartements de réception par la salle à manger, le salon jaune, & se sont arrêtées dans les salons de concert, dits Salons des Arcades, où l'on dansait comme dans la grande galerie. Une estrade, drapée de velours rouge à crépines d'or, avait été dressée pour les Illustres visiteurs devant la grande cheminée, en face de l'orchestre.

Reprenant leur promenade, Leurs Majestés et Leurs Altesses Impériales & Royales ont traversé le salon bleu, le salon dit d'Annonce & le salon d'Introduction, où Elles ont jeté un coup d'œil sur la salle construite au-dessus des escaliers des petits appartements. Cette salle était remarquable, en effet, par une décoration exceptionnelle, dont l'eau & les fleurs faisaient tous les frais.

Puis, Leurs Majestés & Leurs Altesses Impériales & Royales ont visité le cabinet du Préfet, dit Salon du Vote, le salon du Zodiaque, où Elles ont admiré les anciennes sculptures en bois de Jean Goujon, & Elles sont entrées dans la salle du Trône, transformée en troisième salle de bal, où les attendait une nouvelle estrade établie devant la fenêtre du milieu.

De cette estrade, la vue, traversant la salle des Huissiers, la cour Centrale, la salle du Conseil & la salle des Cariatides, pénétrait dans la grande galerie jusqu'aux trônes précédemment occupés par Leurs Majestés.

La Reine ayant exprimé le désir de voir, de ce côté, l'aspect de la cour Centrale, a été conduite à la fenêtre du milieu de la salle des Huissiers.

9.

Le cortège s'étant remis en marche a quitté la salle du Trône par la galerie des Paysages du département. Après avoir traversé le vestibule qui la termine, dont la décoration était dans le style Louis XV, il a suivi la galerie des glaces jusqu'aux petits salons qui donnent accès à l'escalier de la bibliothèque.

Leurs Majestés & Leurs Altesses Impériales & Royales se sont fait expliquer le système de cet escalier à rampes contrariées, où les personnes qui montent & celles qui descendent ne peuvent se rencontrer. Elles ont appris que les salles de la bibliothèque avaient été changées en autant de salons; que les vastes espaces qui sont au-dessus des grands escaliers, des deux côtés des galeries supérieures de la salle des Cariatides, formaient des jardins pour la promenade des invités; & que, des tribunes qui dominent la grande galerie des Fêtes, on pouvait jouir de l'ensemble des danses.

Laissant à leur gauche le deuxième salon de la Paix & le deuxième salon des Arts, & arrivées par le salon des Prévôts, sur le palier de l'un des deux grands escaliers, Leurs Majestés & Leurs Altesses Impériales & Royales ont embrassé d'un coup d'œil le curieux spectacle offert par la salle des Cariatides qui est suspendue, en quelque sorte, au-dessus du grand vestibule, & la perspective étendue qu'on aperçoit à travers cette salle. Elles ont voulu descendre dans le grand vestibule, &, se plaçant devant les portes d'entrée par lesquelles les invités y arrivent de la grande salle Saint-Jean, Elles ont pu contempler non seulement les deux grands escaliers qui se déroulaient à leur droite & à leur gauche, bordés d'arbustes & de fleurs, éclairés de flots de lumières & encadrés, à chaque palier, par des gardes de Paris, mais encore les degrés montant à la cour centrale ornés de la même manière, & des deux côtés desquels tombaient en bouillonnant, dans des bassins garnis de fleurs aquatiques, deux énormes cascades, tandis qu'on apercevait en haut les statues unies d'Angleterre & de France au-dessus de l'une des cascades argentées de l'escalier d'honneur.

Franchissant le grand escalier de gauche, le cortège est rentré dans la grande galerie par le salon des Échevins & le premier salon des Arts, &, après une courte station, Leurs Majestés & Leurs Altesses Impériales & Royales ont traversé la salle des Cariatides pour se rendre dans le salon réservé, où deux buffets avaient été préparés, l'un pour Elles & l'autre pour les personnes de leur suite. A côté de cette pièce était le boudoir de la Reine, tendu de soie bleue & de dentelles avec torsades & glands d'or, orné de glaces de Venise & garni de meubles de style Louis XV.

Leurs Majestés ont pris quelques rafraîchissements, puis Elles sont descendues dans la cour Centrale, où la Reine a voulu faire le tour de la Nymphée qui baignait le pied de l'escalier d'honneur.

Vers 11 heures & demie, Leurs Majestés & Leurs Altesses Impériales & Royales se sont retirées, après avoir gracieusement exprimé leur auguste satisfaction au Préfet de la Seine, à Mme la Baronne Haussmann & à MM. les Membres du Corps municipal, qui ont eu l'honneur de les reconduire jusqu'à leurs voitures.

A cette fête avait été convié un grand nombre d'étrangers de distinction. Le

Corps diplomatique, les Ministres, le Sénat, le Corps législatif, la Haute Magistrature, l'État-Major de l'armée y assistaient. D'après le nombre des cartes remises aux huissiers de service, 7,435 personnes étaient présentes. Plus de 50,000 demandes d'invitation avaient été adressées au Préfet de la Seine. Grâce aux mesures d'ordre qui avaient été prises, tous les invités circulaient sans difficulté dans les nombreux salons de l'Hôtel de Ville & le désir, bien naturel, de contempler les traits de Leurs Majestés, pressait seul la foule sur leur passage.

Huit buffets, affectés au service des invités, avaient été établis dans le salon de la Paix, la salle à manger, le salon d'Annonce, le cabinet du Secrétaire général, la salle des Commissions, la grande salle de la bibliothèque & dans deux galeries supérieures.

Tous les préparatifs de cette Fête, réglés par le Préfet de la Seine, avaient été confiés aux soins de M. Victor Baltard, architecte de la Ville.

Le lendemain, la Reine a daigné faire adresser au Préfet de la Seine la lettre suivante, par Lord Clarendon, son principal secrétaire d'État au Département des Affaires étrangères :

«Monsieur le Préfet,

«La Reine m'ordonne de vous exprimer, ainsi qu'au Corps municipal, ses sincères remerciements pour la Fête qui lui a été donnée hier. La magnificence des dispositions qui ont été prises, la splendeur de l'édifice & la courtoisie qui a prévalu parmi les nombreux invités, ont fait une ineffaçable impression sur l'esprit de la Reine, & seront toujours présentes à sa mémoire comme l'un des plus agréables incidents de sa visite à Paris.

«En répondant à l'Adresse que la Reine a reçue avec tant de satisfaction du Conseil municipal, Sa Majesté vous a assuré, Monsieur le Préfet, qu'Elle ne pourrait jamais oublier l'accueil qui lui avait été fait par la population parisienne. Elle désire encore renouveler ici l'assurance de sa profonde gratitude pour les sentiments pleins de prévenance avec lesquels Elle a été partout accueillie sur son passage lorsqu'Elle a visité, avec son Illustre allié & ami, les nombreux édifices dans lesquels sont réunis avec tant de profusion les souvenirs des succès de la Nation française dans les arts, dans les sciences & dans la guerre.

«Mais la satisfaction & la reconnaissance de la Reine sont encore augmentées par la conviction que ses propres sujets partagent les manifestations bienveillantes dont Elle a été l'objet. Elle y voit la ratification donnée par la France à l'alliance qui existe maintenant non pas seulement entre les Souverains, mais entre les peuples des deux pays. Elle est convaincue que les deux Nations, qui ont appris à s'apprécier réciproquement dans une guerre entreprise pour une cause à la fois juste & équitable, & qui ne sont plus rivales aujourd'hui que pour atteindre le but commun qu'elles poursuivent, resteront toujours unies par les liens d'intérêts devenus désormais inséparables. Cette union a été le vœu ardent du cœur de la Reine, & sa visite à la magnifique capitale de la France a inspiré à Sa Majesté un profond intérêt personnel pour le repos & la prospérité de cette grande Nation.

«Je profite de cette occasion pour vous offrir, Monsieur le Préfet, l'assurance de ma considération la plus distinguée.

«*Signé :* CLARENDON.»

Quelque temps après le départ de la Reine, Mme la Baronne Haussmann a reçu de Lord Cowley, ambassadeur de Sa Majesté Britannique, un écrin qui contenait une broche enrichie de brillants & de turquoises, accompagnée de la lettre ci-après :

«MADAME,

«J'ai l'honneur d'être chargé par la Reine de vous remettre l'offrande ci-jointe de sa part. Sa Majesté vous prie de l'accepter comme témoignage de sa reconnaissance des égards que vous avez eus pour Elle, à l'occasion de la Fête splendide donnée à l'Hôtel de Ville de Paris, dont vous avez si gracieusement fait les honneurs.

«Veuillez agréer, Madame, l'assurance de ma considération la plus distinguée.

«*Signé :* COWLEY.»

CORRESPONDANCE ET DÉLIBÉRATIONS
DU CONSEIL MUNICIPAL.

EXTRAIT DU REGISTRE DES PROCÈS-VERBAUX DES SÉANCES DU CONSEIL MUNICIPAL DE LA VILLE DE PARIS.

Séance du 7 septembre 1855.

Présents : MM. Bayvet, Billaud, Boulatignier, Comte de Breteuil, Delangle, Denière, Devinck, A.-F. Didot, Dubarle, Dutilleul, Eck, Fouché-Lepelletier, V. Foucher, Frémyn, E. Lamy, Le Dagre, Legendre, E. Moreau, Marquis de Pastoret, Pelouze, Périer, Ségalas, Thierry, Tronchon & Varin.

CONFECTION D'UN ALBUM ET DE DESSINS
RELATIFS AUX FÊTES DONNÉES PAR LA VILLE.

LE CONSEIL MUNICIPAL,

Vu le mémoire en date du 6 septembre courant, par lequel M. le Préfet de la Seine demande un crédit de 30,000 francs qui serait destiné : 1º à la confection d'un album de 15 feuilles de dessins, où seraient représentées des vues à l'aquarelle des différentes parties de la Fête offerte par la Ville de Paris à S. M. la Reine d'Angleterre; 2° à la reproduction photographique des mêmes dessins au nombre de 50 exemplaires; 3° à l'exécution des bustes en marbre de S. M. la Reine Victoria & de S. A. R. le Prince Albert, & à l'établissement d'une table en marbre avec une inscription commémorative de la visite de la Reine à l'Hôtel de Ville; 4° & enfin à l'exécution de divers dessins se rapportant aux Fêtes données pour autres causes dans le courant de l'année 1855;

Vu les trois devis dressés par M. Baltard, architecte;

Considérant que la visite faite à l'Hôtel de Ville par S. M. la Reine d'Angleterre offre une occasion toute naturelle de revenir à une idée bonne en soi, & malheureusement abandonnée depuis 1789, de perpétuer d'une manière durable le souvenir des grandes Fêtes municipales,

DÉLIBÈRE :

La proposition ci-dessus visée est adoptée. En conséquence, il est ouvert, pour l'exécution des travaux dont s'agit, un crédit de 30,000 francs imputable sur le fonds des dépenses imprévues de l'exercice courant.

Signé au registre : DELANGLE, *président;*

E. MOREAU, *secrétaire.*

TABLE DES PLANCHES.

TABLE DES MATIÈRES.

TABLE DES MATIÈRES

[illegible]

www.ingramcontent.com/pod-product-compliance
Ingram Content Group UK Ltd.
Pitfield, Milton Keynes, MK11 3LW, UK
UKHW021036230726

13926UKWH00004B/1517